紅色的

國共內戰

謝謝你好，回到家裡喊著往死裡打！邊談邊打的荒謬民初內戰史

爲什麼不能好好「蔣」？

國共內戰和談破局後的失敗戰爭

在國民黨看來，國共內戰中自己是正義之師；

在共產黨看來，國共內戰中自己也是正義之師……

蔣中正的內戰挑動到敗逃，到底是誰在搞？

歷史因爲政治有殘缺，借鑑中共，完整歷史！

潘強恩 編著

目錄

鴻門宴不歡而散

10月8日，為歡送毛澤東回延安，國民黨中央軍委會政治部張治中部長在軍委大禮堂為毛澤東舉行了一場盛大宴會，赴會的約有五六百人，被邀請者均為國民參政員和重慶文化界、新聞界、黨、政、軍各方要員。

也許人們都預感到這將是一次不平常的宴會，許多人早早就到了會場，不到6點半，會場上已是擠滿了人，大家交頭接耳，顯得興奮和急切。

約6點3刻，中共代表毛澤東、周恩來、王若飛步入會場，頓時，會場上響起一陣熱烈的掌聲，人們用灼熱的目光注視著這三位不同尋常的人物。

毛澤東一行3人都穿著整齊的中山裝，顯得精神抖擻，他們臉帶笑容和熟人好友頻頻握手，然後來到主賓席，早坐在那裡的張治中等國民黨官員笑容可掬地把毛澤東等人請入席中。

7點整，張治中整整衣冠，拿著稿子，代表國民黨政府致詞。他說：

「各位先生，各位女士：

今天承參政員、文化界、新聞界暨黨、政、軍各方各位先生、各位女士光臨，極感榮幸。這次舉行聚餐晚會，請柬上並沒有聲明原因，大家也許心裡正在猜想。當此嘉賓雲集、盛會開始之際，本人願宣布今晚之會，主要的是為了歡送毛澤東先生。

鴻門宴不歡而散

毛先生以中國共產黨中央委員會主席的地位，應國民政府蔣主席的邀請，到重慶來商討和平建國的大計。此事，不但為重慶人士所關懷，也為全國人士所關懷，也可以說為全世界人士所關懷，因此，大家對於毛先生的惠然蒞臨，一定感到莫大的欣慰。

毛先生到重慶已經四十天了。他和蔣主席談了好幾次，政府代表邵力子先生、張岳軍先生、王雪艇先生與本人也和周恩來、王若飛兩先生談了好多次。談的結果怎樣，這是大家所關心的。外面有種種傳說，今天想趁這個機會向大家很忠實地報告概要。我的報告雖然沒有事先徵得雙方的同意，但是我想也許能夠代表雙方的意見。」

「首先，值得報告的，是雙方商談的大前提大原則完全一致。例如在民主、和平的基礎上建國，在蔣主席領導下實行三民主義，這些大原則是毛先生提出來的，我們的意見完全一致，大家都認為和平、民主、統一、團結是今天中國所必須遵從的大原則。在抗戰勝利結束後，我們要向和平建國的途程邁進，要埋頭苦幹 30 年乃至 50 年，才能夠迎頭趕上，才能夠使中國不愧為世界上四強或五強之一。大家都知道，和平奮鬥救中國是國父的遺言，民主是我們革命的目的，我們中國國民黨流了 50 年的血，我們犧牲了多少生命去推翻滿清政府，剷除數千年來的專制政體，抵抗窮凶極惡的日本帝國主義，為的什麼？還不是為了建立民主的新中國嗎？至於統一、團結，更不必說，今天世界上任何一個富強的國家，沒有不團結、不統一的，任何一個政治修明的國家，沒有不實行民主政治的。毛先

生一再表示願在蔣主席領導下建設新中國，一再表示願為徹底實行三民主義而努力，這種地方真值得我們佩服。」

底下是一片熱烈的掌聲。

張治中略略抬頭掃了一眼坐在前面的毛澤東，他正在專注地聽著致詞，而且也拍著手，看來他的情緒不錯。於是，張治中又信心十足地念道：

「這 40 天來，我們就在這些雙方同意的大前提、大原則下，在和諧友好的空氣中，期謀各種具體問題的解決……」

「在談判進行中，雙方意見不免有若干的距離，但是這個距離已經一天天接近了。到了今天，我們可以告慰大家的，就是談判的成功已經有了百分之七十的希望，而且這剩餘的百分之三十的距離，我們相信也會有方法使它逐漸接近，終於得到圓滿的解決。」

又是一陣熱烈的掌聲。張治中清了清嗓子繼續說：

「關於這次談判的詳細經過，我們準備不久後發表一個公告，不僅是已經得到解決的問題要公布，就是雙方意見尚未一致的地方，我們也想讓大家知道，並且願意竭盡我們的能力，用盡種種的辦法，繼續在友好和諧的商談中求得解決。我們相信，由於雙方的互諒互信，這些問題是不難得到圓滿解決的。毛先生到重慶已經有 40 天了，延安方面有很多事情極待處理，他準備近日內回延安去，所以我剛才說，今天的集會是為了歡送他。毛先生來重慶，是本人奉蔣主席之命，偕同赫爾利（Patrick Jay Hurley）大使迎接來的，現在毛先生回延安去，

仍將由本人伴送去延安。我今天請大家到這裡來，一方面是為了對毛先生這次惠然蒞臨重慶表示最崇高的敬意，同時也為了毛先生經過這 40 天的辛苦，現在要回去了表示歡送之意。最後我們大家舉杯恭祝毛先生健康！」

張治中在熱烈的掌聲中結束了他的致詞，賓主舉起了酒杯。

毛澤東和張治中碰了一下杯，說：「文白先生，你說得不錯，我怕沒有什麼更多的要說了。」

張治中很有禮貌地朝毛澤東連連點頭微笑，並打手勢說：「潤之先生，請你為大家講話。」

毛澤東從容地走近擴音器，目光向整個會場掃了一下，以濃重的湘音說道：

「張文白先生、各位先生、女士：

這次應蔣先生的邀請，來到重慶，商談和平建國大計，承蒙招待周到，十分感謝。尤其今晚承蒙張先生及夫人舉行這樣盛大的宴會，非常感謝，非常不敢當。

這次雙方的商談，全國乃至全世界人士都很關心，因為我們所談的，不是一二個黨派的問題，而是全國人民利害相關的問題。剛才文白先生說，談判情形良好，前途樂觀，這在我們也有同感。在法西斯打倒以後，世界是光明的世界，中國是光明的中國。近 30 年間，世界經歷了兩次大戰，第二次世界大戰的性質與第一次不同，在這次戰爭中，世界與中國都有了迅速的進步。現在商談的目的，是要實現和平建國。中國現在只有

一條路，就是和，和為貴，其他的一切打算都是錯的。」

講到這裡，毛澤東微微抬頭望了望席上的賓客，又繼續說道：

「商談是在友好的空氣中進行的，沒有得到協定的問題，相約繼續由商談來解決，而不用其他的方法來解決。在和平民主團結的基礎上實現統一，這個方針，符合於全國人民的要求，也符合於全世界人士與同盟國政府的要求。和平與合作應該是長期的。大家一條心，不作別的打算，作長期合作的計畫。全國人民各黨各派一致努力幾十年，在蔣主席的領導下，徹底實現三民主義，建設獨立自主富強的新中國。」

「不能否認，困難是有的，不指出這一點是不好的。中國人民的面前現在有困難，將來還會有很多困難，但是中國人民不怕困難，國共兩黨與各黨各派團結一致就不怕困難，不管困難有多大，在和平民主團結統一的方針下，在蔣主席領導下，在徹底實現三民主義的方針下，一切困難都是可以克服的。新中國萬歲！」

毛澤東在一種高度熱情中結束了他簡短的致詞。樂觀的人們認為，不久的將來，國共兩黨就可以真誠地再度合作，把遭受多年戰爭創傷的中國建設成為一個和平民主團結的國家了。這是何等令人快活的事情，人們頻頻舉杯，共賀國家未來的繁榮富強。

然而，就在這歡慶的氣氛中，卻傳來一個令人不快的消息。

在酒會進行到一半的時間，八路軍辦事處的同志匆匆來到

鴻門宴不歡而散

周恩來身邊，急促而又輕聲地報告他說：「李少石同志被國民黨士兵開槍打死了。」

這一句沒有頭尾的話，使周恩來大吃一驚，他立即問道：「是怎麼回事？」

「還來不及查清。」辦事處的同志說。

周恩來馬上想到了毛澤東的安全。在毛澤東即將返回延安的時候，出現一起槍殺事件，不能不使周恩來萬分焦慮。他在此時不想去分析到底是出於什麼原因，什麼動機，只想盡快地保護毛澤東安全地回到住處。於是，他叫來了憲兵司令張鎮，非常嚴肅地對他說：「事情你也知道了吧？你得保證毛澤東同志的絕對安全。」

出於安全的考慮，深夜 11 點後，毛澤東等中共代表才在張鎮的陪同下從軍委會大禮堂出來。毛澤東由張鎮陪著上了張鎮的汽車。一路上，大家都默默不語，張鎮顯得緊張不安，不時看看兩邊騎著三輪摩托車護衛的憲兵。

進了紅岩村後，停在馬路盡頭，毛澤東與張鎮從車上下來，張鎮說：「我送毛先生到辦事處。」

毛澤東說：「不必了，夜太深，你請回去。」

張鎮又說：「那麼叫憲兵送毛先生。」

第二天，李少石之死的真相查清了，事情的經過是這樣的：

10 月 8 日下午 5 時，八路軍辦事處的祕書李少石坐小車送柳亞子由曾家岩回沙坪壩寓所，返回時，車開得很快。恰好有陸軍重迫擊炮團的 1 個排長率領 6 名帶槍的正副班長和 30 名

新兵由重慶向壁山方向前進，其中有一個士兵正在路旁小便，汽車馳至時躲避不及，被撞倒在地，頭部受傷。肇事之後，司機因未察覺，沒有停車，該排的 1 名班長鳴槍警告，恰好子彈從車後工具箱射入，穿過李少石右側肩胛入肺部。司機見李中彈，緊急驅車送到市民醫院搶救，由於流血過多，到 7 時許不幸去世。

中共方面本著實事求是的原則，在把事情的原委弄清楚之後，對被汽車撞傷的國民黨士兵表示了慰問，全部醫療費用一概由中共方面承擔。周恩來還在安埋李少石之後，親自前往醫院看望受傷的國民黨士兵，囑其安心治療，重申一切醫療費用全部由共產黨負責。

10 月 10 日，在曾家岩桂園客廳，洋溢著一種喜慶氣氛，今年的這個雙十節將以它的新的內容而載入中國現代史史冊。

小小的客廳已被收拾得整整齊齊，茶水香菸已經準備好了，在會客室北牆「天下為公」的橫幅下橫著一張條桌，覆以桌布，擺上了毛筆和墨汁。國共兩黨商談了一個多月，今天，藉著雙十節的喜慶，《政府與中共代表會談紀要》的簽字儀式就要在這裡舉行。會場簡樸、肅穆、莊嚴。沒有邀請記者和任何人參加。

下午 4 時許，國民黨方面代表王世杰、張治中、邵力子和共產黨方面的代表周恩來、王若飛先後來到小客廳，雙方審閱了事先謄寫好的《政府與中共代表會談紀要》，也即是史稱的《雙十協定》，表示同意後，雙方在協定上簽上了自己的名字，

他們沒有說話，但從臉上表情看，顯得既嚴肅又高興。

簽字完成後，邵力子說：「此次商談，得以初步完成，多有賴於毛先生不辭辛苦之奔波，應請他下樓來相見。」

因為毛澤東白天都是在桂園樓上辦公，因此一請就到。毛澤東和在場人員一一握手，祝賀國共談判有了一個初步良好的開端。

如果按照《雙十協定》的條款去做，那麼國共兩黨的確能夠再度合作，共建中華。因為大家一致認為中國抗日戰爭，業已勝利結束，和平建國的新階段即將開始，必須共同努力，以和平、民主、團結、統一為基礎，並在蔣主席領導之下，長期合作，堅決避免內戰，建設獨立、自由和富強的新中國，徹底實現三民主義。雙方都認同蔣主席所倡導之政治民主化，軍隊國家化及黨派平等合法，為達到和平建國必由之途徑，一致認為應該迅速結束訓政，實施憲政，並應先採取必要步驟，由國民政府召開政治協商會議，邀集各黨派代表及社會賢達協商國是，討論和平建國方案及召開國民大會各項問題。」

因此，輿論界對此也抱著樂觀的態度。延安的《解放日報》發表社論說：「昨天發表的《政府和中共會談紀要》，給了大眾不負期望的回答。《會談紀要》證明了商談在友好和諧的空氣中獲得了重要的成果。這次會談乃是如何用協商的方法，解決為中國和平、民主、進步發展所提出的迫切問題，解決國內政治生活中最複雜和最困難問題的範例。會談的成果是全國人民要求和平民主進步的意志的表現，是中國政治家的智慧與遠見的

表現。」

　　共產黨在重慶的《新華日報》也對這次國共兩黨會談給予了肯定的評價。該報發表社論說：「這次會商的結果對於保障和平，推動民主，加強團結，促進統一都有積極的作用。」

　　國民黨《中央日報》的調子雖然不很樂觀，但也告慰國人說：「這一結果固然還有不能盡滿人意的地方，但內戰之不至發生，卻已有確實的保障，我們總也可以普告國人和關切中國問題的友邦人士，請其不必為和平將在中國遭遇危機而擔憂了。」

　　重慶的《大公報》則滿懷激情地說道：「和平民主，團結統一，誰不在期待？快來吧！」

　　在這樣一種舉國歡慶的氛圍中，國共兩黨領袖蔣介石和毛澤東又進行了一次會談，時間是 10 月 11 日，這是兩位在中國現代史上占有重要地位的人物的最後一次相見。在座的還有中共代表周恩來、王若飛，國民黨要員宋子文、王世杰、張群、張治中、邵力子等。

　　蔣介石以一國之領袖的姿態對毛澤東說：「這次協定的簽定，我還是滿意的。在解放區和軍隊的問題上，政府絕不會再讓步。中共管轄的地區和領導的軍隊必須統一歸屬中央政府的領導，絕不能像過去的軍閥那樣，搞地方割據。」

　　毛澤東幽默地說：「這十幾年來，我是一直被蔣主席擠在陝北那個不毛之地動彈不得，到哪裡去割據喲！至於現在的地方擴大了一些，那都是人民用鮮血和生命從日本侵略者手中奪回來的。我們怎麼能輕易地又失去呢？」

鴻門宴不歡而散

蔣介石反問道：「這怎麼能說失去呢？中央政府就是人民的政府，交給中央政府管理不就是交給人民管理麼？」

毛澤東回答說：「蔣主席說的固然對，不過，解放區由人民自己管理，中央又有什麼不放心的呢？解放區的政府都是民選政府，它們已經在按照人民的意志辦事了，中央為什麼非得去插一桿子呢？」

蔣介石提高了嗓門說：「不管你怎麼說，如果中共不把軍隊交出來，就是對和平缺乏誠意，就是想打內戰。」

毛澤東「霍」地從座位上起身，嚴肅地對蔣介石說：「我可以保證絕不先向中央軍開一槍，也不搶占中央軍駐紮的每一寸土地。但是，如果中央軍向解放區發動進攻，我的軍隊是要還擊的。我留著軍隊並不是為了別的，就是為了不讓從峨嵋山上下來的中央軍採摘解放區軍民的抗戰果實。」

蔣介石一甩手，說：「好，好，你今天不就回延安去了嗎？明天就帶軍隊來打吧！」說罷，竟出門去了。

毛澤東哈哈一笑說：「主人走了，下了逐客令，那我們就回延安去吧！不過，我們不會帶軍隊來打的。」

一個歷史性的會談，就是這樣不歡而散了。

上午9點半，毛澤東在張治中的陪同下，乘飛機離開重慶返回延安。

赫爾利歸國遭貶

就在重慶談判接近尾聲的時候，這次談判的策動者卻於 9 月 26 日飛回了美國，去華盛頓進行他的另一番鼓動去了，這個人就是美國駐華大使赫爾利先生。

赫爾利在國共談判未見端倪時便打道回府的原因很多。一是見國共談判沒有進展，赫爾利將說服美國政府無論在什麼情況下，都得支持「親美」的蔣介石政府。因為他到時候會提醒美國政府，如果不這樣，共產黨就可能在中國掌權，蘇聯就會主宰中國，美國將失去「在華利益」，二是被他從中國土地上趕回美國的謝偉思、艾其遜又出來工作了，並且被任命為駐東京的麥克阿瑟總部的顧問。在赫爾利看來，謝偉思等人的復出，是「親共分子」的得勢，證明了美國政府對華政策的「游移」。對此，赫爾利認為有必要回華盛頓大事疾呼。另外一個原因或許是最主要的，就是：《中蘇條約》公布之後，中共並沒有受《條約》的影響，按照他設想的發展。在赫爾利看來，蘇聯承認了蔣介石政府，中國共產黨在國際上失去了依靠，在國內必然就會屈服於蔣介石，交出軍隊。然而，中共在談判中卻堅持不肯交出軍隊。因此，他要回美國促成政府對蔣介石的進一步支持，迫使中共承認蔣介石的領導地位後，再找時機迫使中共交出軍隊。

蔣介石對赫爾利回華盛頓的「疾呼」抱了極大希望，為了加強赫爾利「疾呼」的力量，蔣介石和孔祥熙還特地寫信給杜魯門

總統，讚揚赫爾利在中國的傑出工作。蔣介石說赫爾利有「英明的政治家風度和人格」，「中國人民從他身上看到了美國外交政策的公道和正義的確切象徵」。孔祥熙則在信中表示：「可以毫不誇張地說，很少有外國的外交官像赫爾利大使那樣完全贏得中國人民和中國領導人的尊敬。」同時，為了緩和美國輿論對國民黨的攻擊，減少對赫爾利的阻力，國民黨政府宣布自 10 月 1 日起廢除戰時新聞檢查制度。

其實赫爾利回華盛頓大事疾呼是多餘的，因為美國政府從來就沒有放鬆過支持蔣介石的行動，即使美國政府避免大規模軍事介入，仍然希望在未來的中國政府中，國民黨占主導地位，蔣介石作為政府的首腦。為了確保國民黨的統治地位，美國政府除幫助蔣介石運輸軍隊和彈藥到各策略要地外，還由麥克阿瑟出面，命令海軍陸戰隊在華北各地登陸。登陸美軍的任務是：一、占領並確保華北若干指定的港口和機場 —— 天津、北平、青島、秦皇島和煙臺 —— 以便中國政府軍進入這一地區；二、協助對日軍的受降工作和解除他們的武裝；三、管理和保護投降部隊及其武裝，並在可行的條件下盡速移交中國當局。這就是說，在國民黨軍隊來不及趕到時，先幫蔣介石把這些地區搶占到手。

10 月 1 日，美軍在秦皇島登陸，與島上共產黨武裝發生衝突，雙方激戰 1 小時，中共軍隊被迫撤出該地，於是秦皇島被美軍占領。

10 月 4 日，美國軍艦試圖在煙臺登陸，遭到八路軍的頑強

抵抗，登陸未成。但是美國陸軍部長為此發表了一份措詞嚴厲的聲明，其中表示：「在華美軍並不用於制止內戰，但將保護美國人民生命財產，美軍解放之數處中國港口，即將移交於被承認之中國中央政府人員，美軍倘遭攻擊，即將予以有力而制勝之抵抗。」

當中共軍隊與美國海軍陸戰隊發生激烈戰事時，已經回到華盛頓的赫爾利再也按捺不住了，他覺得這是大事疾呼的最好時機。10月14日，他舉行了一次記者招待會，在會上，他發表了一項聲明。聲明說：「《波茨坦宣言》及亞洲盟軍總部之第1號命令，限定中國境內之日軍向蔣委員長所代表之中華民國政府投降，美軍之魏德邁二級上將乃蔣委員長之參謀長，武裝之共產黨企圖改變此一程序，使一部分日軍向武裝的共產黨而不向蔣委員長或中國國民政府投降，其目的在取得日方武器，使武裝之共產黨能藉此在中國另行建立一政府，或推翻中華民國政府……」

「此舉本質上為戰爭之一部分，而非和平之一部分。聯合國如准許日軍向軍閥、匪徒組織，或任何武裝政黨投降或繳械，中國定將發生長期之內戰……」

遠在中國上海的魏德邁積極配合赫爾利在華盛頓的行動。他連續兩次舉行記者招待會，宣布已安排5萬3千名美軍代替國民黨軍在華北執行任務，還宣布要採取一切必要的步驟來保護美國人的生命和財產。

10月11日，美國海軍陸戰隊1萬5千人在青島登陸。美

海軍航空隊開入北平、唐山、開平、靜海等地「駐守」，為蔣介石守衛策略要點和交通線。10 月 31 日，美軍率領國民黨軍隊沿北寧路向駐山海關的中共軍隊猛攻，占領了北戴河。

由於有美國人的支持，蔣介石在《雙十協定》簽訂後不久，就繼續向解放區發動進攻，占領了浙東、蘇南、皖中、皖南、湖南 5 個解放區，又在津浦、隴海、膠濟、平漢、同蒲、正太、平綏、北寧各線節節推進，占領許多縣城。11 月 8 日到 16 日，蔣介石在重慶召開軍事會議，國民黨的高級將領都被召回重慶參加會議。蔣介石手拍著牆上的軍用地圖，眉飛色舞地說：「近一個多月來，我軍收復了許多策略要地，控制了許多鐵路幹線，可以說，只要三個月或者半年，就可以消滅與政府對抗的共產黨。」

各位參加會議的將軍們聽了主帥的話，無不歡欣鼓舞，紛紛向蔣介石保證，堅決擊敗抵抗的共產黨。

美國駐華大使館聽到了蔣介石磨刀霍霍的聲音，充滿了憂慮，在向白宮送出的一份報告中寫道：中國大規模內戰的威脅正在增加中。共產黨相約只要政府答應停止運送政府部隊前往華北，就不進行攻擊交通線，但政府明確表示拒絕。

美國政府是不贊成中國內戰的，美國軍隊之所以幫助蔣介石運送軍隊和彈藥，並幫助搶占地盤，目的是為了壓迫共產黨向國民黨屈服，成立一個以蔣介石為首的聯合政府。但是，這在客觀上卻助長了蔣介石消滅共產黨的氣焰。

魏德邁這時已從上海回到了重慶，見了國務院的指示後，

當即給白宮回電說：「除非得到新的命令，我不會給國民政府更多的援助，美軍也將從華北撤出。」

五角大樓陸軍部的將軍們卻極不滿意魏德邁的做法：「海軍陸戰隊絕不可從華北撤出，這可以表明國民政府是有美國強而有力的支持的。為了打敗共產黨和阻攔蘇聯的干涉，幫助運送政府軍去華北甚至東北都是必要的。」

海軍部的軍官們也主張美軍留在中國，因為：「日本戰俘尚未遣返，單靠中國的力量是無法完成遣俘工作的。再者，如果美軍撤出，華北、東北都將被中共軍隊占領，這直接損害了國民政府的利益。」

國務院的官員們卻提出了與武官們相反的意見，他們認為：「國民黨政府貪汙無能，已失去民心。中國共產黨在武器裝備方面雖然較差，但得民心。所以，以後美國應該避免直接捲入中國的爭論，在中國的美軍即使只進行運送日俘的工作，也要慎重。」

在重慶密切注意美國政府動態的蔣介石，透過他在華盛頓的耳目捕捉到了這一訊息，他以埋怨的口吻對宋子文說：「赫爾利大使回美國並沒有帶來好消息，我還一直以為他很能幹。」

宋子文也不滿地說：「現在美國對是否繼續執行既定的對華政策舉棋不定。如果美國人放棄了在軍事上對我國政府的援助，那華北、東北可能都是共產黨的天下了。」

蔣介石在屋子裡踱著步子，想著計謀，突然，他抬頭對宋子文說：「我現在就請美國人幫我把精銳部隊從華北運往東北，

纏住美國佬，讓他們欲走不能。」

宋子文同意蔣介石的意見，並立即把這一要求告訴了魏德邁。

魏德邁是一個忠實地執行上級命令的軍人，儘管他希望能給予蔣介石更多的援助，但絕不敢自作主張。他把蔣介石的要求向馬歇爾作了報告，馬歇爾指示他說：「海軍陸戰隊的行動只限制在華北，絕不能捲入對東北的軍事行動。」

根據馬歇爾的指示，魏德邁婉言拒絕了蔣介石運送五個軍到東北的要求。

蔣介石見往日溫順的魏德邁竟然拒絕這一要求，非常惱怒，竟跑到魏德邁下榻的招待所責問道：「魏德邁將軍，現在你們美國的對華政策究竟是什麼？難道不繼續支持國民政府啦？你我是多年的老朋友，我不怪你。但你得說清楚。」

魏德邁苦笑說：「蔣委員長，我是軍人，除了執行你的命令，也執行五角大樓的命令。至於美國現在的對華政策，我也不很清楚。」

魏德邁說的是實話。不只是魏德邁，就是白宮和五角大樓的對華政策制定者，也不清楚下一步行動應該如何做才合適。

這一天晚上，魏德邁收到了白宮拍來的電報，告訴他，美國下一步行動方針草擬有三個方案：一、繼續採取日本投降以來實行的那些行動；二、撤退海軍陸戰隊；三、增加援助蔣介石，美國更直接地幫助蔣介石控制華北和東北。但在協調委員會的會議上沒能決定採取哪一個方案，因此，希望魏德邁將中

國國內的最新動態如實報告給白宮，以便做出最後的決策。

魏德邁頓時覺得心情緊張，責任重大。他連夜就起草了給白宮的報告。

柔和的燈光下，他凝神靜思，希望從紛亂的中國國內時局中理出一些頭緒來。

「中國內戰的步伐已經加快，蔣委員長企圖把美國拖進中國的內戰。」他在報告的一開頭就這樣寫道。美國人說話就是這樣直率，不加任何掩飾。

「中國局勢混亂的大部分責任在於國民黨，因為蔣委員長仍然信任以前擁護過他的那些軍閥和官吏。因此，即使他們肆無忌憚或並不勝任，他也委任他們去盤踞政府中的負責職位。他們利用所得到的機會營私舞弊，而且他們也照例委派庸碌無能的人去充任次要的職位。」

在寫這一段話時，魏德邁心中充滿了悲傷和失望，他真不希望一個他滿腔熱忱支持的政府竟會是這樣。但是事實就是如此，為了讓白宮能正確地決策，他不得不如實報告。

「如果我們不派出軍隊幫助蔣委員長，他是無法同時守住東北和華北的。就我看來，儘管如此，美國在軍事上仍不宜直接插手中國內戰，但是可以幫助蔣委員長鞏固在南方的統治，加強對國民政府的經濟援助，以便在以後收復北方。」

在報告的末尾，魏德邁又提醒說：「美國如果要保證蔣委員長控制大部分中國，就必須準備自己與中共和蘇聯作戰。」

但是，魏德邁的報告不但沒有使協調委員會得出一致的結

論，反而引起了一陣混亂。

陸軍部和海軍部的將軍們仍然堅持說：「如果國民政府無力派兵進駐東北，美國就應該予其額外的援助，甚至可以增調軍隊到中國去。」

馬歇爾卻是另一個主張，他在 11 月 25 日向國務院提出的一份文件中說：「美軍應該撤出中國。」

美國混亂不堪的對華政策，使得魏德邁茫然不知所措，國共兩黨在重慶談判之後關係日趨緊張，內戰的戰火一觸即發，作為駐華美軍，這時應該做些什麼，他實在弄不明白，於是，他又急急地拍電報給陸軍部，要求趕快向總統和國務院說明：「如果沒有美軍捲入自相殘殺的戰爭，蔣介石就不可能控制中國。是從中國撤出，還是直接進行大規模干涉，請速作決斷。」

從 11 月 27 日，協調委員會舉行第三次高級會議。

會議達成了四點協議：

一、海軍陸戰隊必須留在中國；

二、必須準備把其他國民黨軍隊運到北方並支援他們；

三、在目前由日軍占據，日後可能成為國民黨和共產黨部隊爭奪的地區，應該設法安排停戰；

四、必須繼續支持國民黨人和共產黨人斷斷續續進行的努力 —— 在蔣介石領導下達成一項政治協議，並把共產黨地區和部隊包括在內組成一個統一的中國國家和中國軍隊。

這是一個在干涉和停止干涉之間的折衷決議。協調委員會

為這一決定感到非常的得意。

但是馬歇爾卻苦笑說：「需要有魔術師的技巧才能完成這些任務。」

協調委員會的決定，對滿懷信心回華盛頓的赫爾利大使是一個極大的打擊。赫爾利大使的對華主張是：加強對國民政府的援助，甚至可以動用美國軍隊，迫使中共交出軍隊，服從國民政府的領導。而現在卻不是這樣，美國政府不準備動用軍隊來幫助國民政府，並且提出要組成以國共兩黨為主體的聯合政府。他太失望了。

於是，他以健康問題為由，提出辭職。

他不承認自己對華政策的失敗，他對國務卿貝爾納斯說：「中國的工作把我累垮了，我已經把國共雙方拉在了一起，但以後還有許多事要做，讓年輕人去做或許更好一些。」

貝爾納斯認為赫爾利可能是遇到了什麼不順心的事，挽留他說：「你不能辭職，如果你在執行對華政策中，有人試圖阻攔你，可以馬上把這些人調離。」

貝爾納斯還把赫爾利辭職的事告訴了總統。

杜魯門也不贊成赫爾利辭職，他只是建議赫爾利「去新墨西哥州的日光下作些休養，然後返回華盛頓」。

但是赫爾利疑慮重重，他知道，就中國的國情看，如果美國不派兵幫助蔣介石，那麼蔣介石就會垮臺，到那時，共產黨上臺掌權，美國的在華利益就要遭到破壞。怪誰呢？國內輿論問起來的話，杜魯門定會把責任推到他的身上，因為杜魯門政

赫爾利歸國遭貶

府是民主黨政府，而他本人則是共和黨人。他將成為一隻替罪羊。然而看見杜魯門和貝爾納斯熱情地挽留自己，他又有暫不辭職的想法。

也許活該赫爾利倒楣。當他準備再做下去時，美國駐華大使館代辦羅伯遜從重慶發來報告說：國共和談已經沒有希望了，華北已經爆發了大規模的戰鬥。

他震驚了，中國的局勢非他所能收拾了。更不幸的是，當他從新墨西哥州享受了充足的日光後，回到華盛頓卻接到了國民政府的外交部長王世杰的電話，告訴他：有消息說，駐華大使將由民主黨人接替。

他馬上意識到，如果這一消息屬實，他就將以對中國局勢負有責任為理由被調離中國。

中國內戰的戰火已被美國各界人士聞見，輿論界紛紛指責政府，矛頭則集中在赫爾利身上。

赫爾利不願做替罪羔羊，他決心辭職了。

11月26日，赫爾利懷著憤憤不平的心情寫了一份致杜魯門的辭職書。一開頭他就說：「我現在請辭駐華大使之職。」

也許這時國務院還沒有物色好合適的人選，貝爾納斯力勸赫爾利不要辭職，並向他保證說：「美國政府不會放棄蔣介石，總統將繼續對你保持信任。」

一天以後，杜魯門還特地約見了赫爾利，勸他不要辭職。

於是，赫爾利收回了辭職的想法，表示過兩天便回重慶去。然而中午回到住處，拿起報紙，看到了民主黨議員狄拉西在眾

議院的演說，赫爾利又憤怒了，他覺得狄拉西披露了很多對華政策的內幕情況，而這些情況只有國務院的人才能提供。於是，他懷疑是國務院的人對他不信任，甚至抱有敵意，有意要詆毀他。儘管貝爾納斯說信任他，但實際可能並不是這樣。

於是，他又向白宮提出辭職。

這次辭職的方式顯得非常奇特，中午吃飯的時候，他向新聞記者們發表了一次強硬的演說，他說政府和國務院的對華政策都模稜兩可，讓人無法執行，他決定不幹了。

他喝了自己釀造的苦酒，成了美國對華政策的犧牲品。

但是美國的對華政策仍需要有人腳踏實地去貫徹執行。就是說，應該派人到中國去，在蔣介石的幫助下，完成美國的對華政策，保護美國在遠東的利益。

這個人應該具備哪些條件呢？剛上任不久的杜魯門總統思考了好幾天，仍然沒有一個明確的答案。

這一天，杜魯門獨自一人坐在總統辦公室裡苦思冥想，把他手下的文武官員一個個都在心中估量了一番，覺得都不適合作為總統的特使派往中國。這時，電話鈴響了，是他派往中國的私人代表、職業銀行家小埃德溫‧洛克打來的，他向杜魯門建議：派一個有身分的私人代表到中國去，這個人要有希望得到英、蘇的支持，這個人也應該有調解某種複雜矛盾的能力，他不應該只是毫無條件地支持蔣介石。

杜魯門似乎受到了某些啟示，他對著電話興奮地大叫：「謝謝你，我的老朋友！」

馬歇爾臨危受命

美國喬治亞州的利斯堡。一幢景色宜人的古老田舍。屋裡，一位老人正在悠閒地翻閱著畫報。從窗外射進來的陽光使屋裡變得暖洋洋的，窗臺上的花卉沐浴著燦爛的陽光，發出陣陣沁人的馨香。這是一個恬靜的家園。

然而，客廳裡的電話鈴聲劃破了這愜意的恬靜，鈴聲很急促，讓人覺得這是一個不平常的電話。

坐在沙發上看報的老人敏捷地躍起身來，趕快抓起了電話。誰看見這個情景，都會毫不懷疑：他是一個老資格軍人。

「將軍嗎？您能代表我去中國嗎？」

天啊，總統打來的電話，老人一聽這熟悉的聲音，馬上就判斷出來了。他兩腳併攏，做了個立正的姿勢，堅定而簡潔地說道：「是！總統先生。」

這位被總統稱之為「將軍」的老人就是喬治·卡特萊特·馬歇爾，六天前剛剛將美國陸軍參謀長一職移交給艾森豪將軍。

他掛上電話，輕鬆了幾天的心情又變得沉重起來，軍人總是沒有歇息的時候，不管是戰時還是平時，一接到命令，就得無條件地奔赴指定的戰場。他微微閉上眼睛，回憶起昨天，1945 年 11 月 26 日的難忘情景：

12 點半，在五角大樓的庭院內，杜魯門總統宣布授予他一枚特殊功勛橡葉簇獎章，以表彰他在二次大戰中的卓越功績。

戰爭期間，他曾拒絕了所有的美國勳章，也拒絕了大多數外國勳章。他說過，當士兵們在死亡的時候，當他還是陸軍參謀長的時候，要他接受那些勳章，是不合適的。現在情況不同了，他在 11 月 19 日已提出辭呈並得到了總統杜魯門的批准，儘管總統對他的離去深感惋惜。

他記得總統在宣讀嘉獎時充滿了朋友之情：

在一場規模和慘烈程度都是空前的戰爭中，成百萬的美國人以其傑出的服務貢獻給國家，陸軍五星上將喬治·卡特萊特·馬歇爾把勝利貢獻給國家。

作為政治家和軍人，他具有膽略、剛毅和遠見，更難能可貴的是鮮見的自謙。他作為兩位總司令的顧問而被倚為幹將。他的品質、行為和功勳，鼓舞了全軍、全國和全世界。他對美國前途所作的貢獻，不亞於任何一個人。在歷史上所有偉大統帥中，他位居前列。

在接受了軍功章的第二天，馬歇爾夫婦就啟程回利斯堡老家了。他們在那裡買了一座環境優美的莊園，打算在那裡隱居，安寧地度過他們的晚年。

然而就是那麼不巧，馬歇爾還沒來得及熟悉這美麗的莊園，享受這明媚的陽光，就又接到了總統的召令，作為軍人，他只能應召。不過怎樣對妻子說呢？幾十年戎馬生涯，沒有很好地和妻子過幾天安寧的日子，他覺得實在對不起她，妻子是那樣溫柔，那樣賢慧。真是難辦！

「是誰打來的電話？」大概妻子在樓上聽到了電話聲，特地

下來問。因為這是他們搬到莊園來的第一個電話，所以她顯得特別關心。

「哦，是一個朋友打來的，問候你和我。」馬歇爾不想過早地讓妻子知道他又得披上戰袍的消息。

「是嗎？」妻子並不在意，「親愛的，這裡的田園風光真是太令人陶醉了。」她隨手打開了放在桌上的收音機。

收音機偏偏播出讓她驚呆的消息：「今天上午，杜魯門總統任命馬歇爾將軍為特使前往中國執行任務。他將立即出發。」

「這是怎麼回事？親愛的。」妻子有幾分惱怒。

「是這樣，剛才的電話是總統打來的，我想在你休息好後才告訴你。」馬歇爾像一個做錯了事的小孩，感到驚慌和不安。

「你去中國幹什麼呢？」妻子問。

「我還不知道。」馬歇爾說。

馬歇爾的確不知道他去中國的使命是什麼。當 12 月初，貝爾納斯向他交待任務時，他才明白自己肩上擔子的重大。

貝爾納斯告訴他：「必須使中共、其他持不同政見的黨派以及國民黨合成一個統一的政府，領導人應該是蔣介石。」

馬歇爾提出了幾個尖銳的問題。

「假如共產黨做出可以接受的讓步，而國民政府卻拒絕讓步，怎麼辦？」

「要是這樣，那就應該告訴國民政府，我們本來要給予中國的援助，將不再給予，諸如貸款、軍事供應品、民用供應品、

設立軍事顧問團等等；並且在從華北撤走日本人的問題上，我們將被迫直接與共產黨打交道。」貝爾納斯毫不猶豫地說。

「如果是共產黨不肯讓步呢？」

「那我們將全力支持國民政府，按需要把它的軍隊運到華北。」

12 月 11 日下午，在總統辦公室裡，馬歇爾與總統、貝爾納斯國務卿和海軍上將萊希一起討論了對華政策。

杜魯門總統問道：「馬歇爾將軍在中國工作的依據是什麼？」

貝爾納斯說：「已經授權陸軍和海軍運送蔣介石的軍隊到東北，支持他們把日本軍隊撤出中國。陸海軍還受命祕密安排船隻運送軍隊到華北。當然，這兩點對外是保密的，目的是便於馬歇爾將軍強迫雙方達成協議。」

現在馬歇爾明白了他的使命，就是要促使國共兩黨達成一項和平協議，避免內戰，建立一個多黨組成的聯合政府。

飛機穿過雲層，向著太平洋彼岸飛去。幾天以後，馬歇爾就將到達遙遠的中國了，對於那裡他既熟悉又陌生。不管怎樣，他畢竟於 1924 年至 1927 年在那個國家待過。但是那裡的紛爭，馬歇爾卻不清楚，他不知道中國人究竟是如何想的。不過，他是談判桌上和會談室內的行家裡手，他對他的中國之行充滿了信心。

昨天，總統杜魯門交給了他一封指示信，信中有三個附件：一、美國對華政策的聲明將在馬歇爾離美赴華時由白宮發表；二、1946 年 12 月 9 日貝爾納斯國務卿給陸軍部的一份備

忘錄；三、由國務院和陸軍部起草的美國對華政策聲明，以作為白宮發表的聲明的基礎。

「總統的對華聲明可能已經發表了。」他這樣想。

他記得總統的聲明是這樣說的：

「美國與其他聯合國家，都承認現在的中華民國政府是中國的唯一合法政府。它也就是達成中國團結統一這個目的之適當的機構。」

「為了在進行這次戰爭中繼續和中華民國政府不斷地親密地合作，為了執行波茨坦宣言，清除日本勢力保留在中國的可能，美國在解除日本軍隊武裝和撤退日軍方面，擔負了確定的義務。」

「美國的支持將不致發展為軍事干涉，以致左右中國任何內爭的發展。」

還講了些什麼呢？馬歇爾閉上眼睛盡力回憶著，他覺得他必須特別熟悉總統聲明的主要內容。對了，總統還說：

「美國知道目前的中國國民政府是一黨政府，同時相信，假如這個政府擴大其基礎，容納國內其他政治力量分子，那麼中國的和平、團結和民主的改革才能推進。所以美國堅定地主張，中國各主要政治力量代表的全國會議，應該對於使這些政治力量在中國國民政府中都能得到公平和有效的代表權的諸辦法成立協議。」

「自主性軍隊的存在，如共產黨軍隊，不但與中國政治團結不符合，並實際上促使它不可能實現。在一個有廣泛代表性的

政府成立後，自主性質的軍隊應該取消，而全中國的武裝部隊都應有效地編入中國的國軍。」

馬歇爾對這個聲明是滿意的，要達到自雅爾達會議以來美國一直在追求的目標，聲明中所提出的那些政策是必須加以貫徹的。

最令馬歇爾滿意的是，總統給了他一個威力極大的「武器」。杜魯門在信中說：

「你可以用最坦白的態度和蔣介石及其他中國領導人物談話。尤其是涉及中國在經濟方面希望得到貸款與技術援助，以及在軍事方面的援助時，你可以表明：一個不統一的和為內戰所分裂的中國，事實上不能被認為是適當的地區，按既定方針而得到美國的援助。」

馬歇爾非常了解國民黨的致命弱點，沒有美國的援助，國民黨面對日益強大的中國共產黨，地位是岌岌可危的。有了杜魯門總統授予的「武器」，事情就好辦得多。

不過，國共兩黨對杜魯門總統的聲明及他的調處持何態度？蘇聯人又是怎樣看待他的使命的呢？他急於知道這一點。

於是，他打電報給正在莫斯科訪問的貝爾納斯，要求得到蘇聯人的意見。

為了試探蘇聯的態度，貝爾納斯在會議的第一天就散發了杜魯門對華政策聲明，並就馬歇爾赴華的基本目的和做法向蘇聯打了招呼。

貝爾納斯還對莫洛托夫說：「蘇聯應該支持蔣介石。史達林

元帥已說過，蔣介石是目前中國唯一的領袖，還不能期望有其他什麼人能夠實現中國的統一。」

莫洛托夫重申：「支持蔣介石是蘇聯的政策，我們遵循著這項政策。」

「馬歇爾將軍這次使華，將試圖說服蔣介石與共產黨達成一項專門的協定，使之成為避免大規模內戰和實現中國統一的最佳途徑。」貝爾納斯解釋著馬歇爾使華的目的，看看莫洛托夫如何反應。

莫洛托夫說：「美國處於了解蔣介石政府的意圖和計畫的最佳地位上。唯一問題是，蔣介石是否確實希望解決他的內部問題？」

「我認為他是這樣的。」貝爾納斯小心謹慎地回答著。

「那我沒什麼可說的。」莫洛托夫笑笑。

貝爾納斯很滿意，看來蘇聯政府對馬歇爾使華還是支持的。不知，史達林是怎麼想的，如果他的態度能明確一下，那就好了。

終於，機會來了。

12 月 27 日晚上，史達林和莫洛托夫在克里姆林宮接見了貝爾納斯。

貝爾納斯尋找著時機，終於很自然地說：「中國國共兩黨目前關係緊張，美國政府已派馬歇爾將軍去進行調處。」說完，觀察著史達林的反應。

史達林把手一揮說：「如果有什麼人能解決中國這個形勢的話，那就是馬歇爾將軍，馬歇爾是僅有的幾個既是政治家又是軍人中的一個。」

貝爾納斯獲得了他想獲得的東西。

他趕快給馬歇爾回電說：「目前史達林打算履行其對華條約，不會有意地去幹什麼事情來破壞我們為統一中國所作的努力。」

馬歇爾得到貝爾納斯的電報後，如釋重負。他感覺到在他成功的天平上又增加了一個砝碼。

而在中國共產黨方面，自然是歡迎馬歇爾來調處的。

自從毛澤東赴重慶與蔣介石談判，簽定《雙十協定》以來，中國共產黨一直希望戰後的中國能朝著和平民主的道路前進。但是以當時中國共產黨的力量而言，如果蔣介石硬要與中國共產黨發生衝突，那也是無法扼止的，一場內戰不可避免。現在，馬歇爾來了，而且是作為美國總統的特使來的，他的調處，有希望制止蔣介石發動內戰。

12 月 16 日，亦即馬歇爾啟程赴華的第二天，中共代表團首席代表周恩來偕代表團其他成員吳玉章、葉劍英、陸定一、鄧穎超等人飛抵重慶。周恩來在機場發表談話說：「中共代表這次來渝，一方面是參加政治協商會議，一方面是繼續進行國共之間的談判。」

同日，中國共產黨在重慶的《新華日報》發表社論，歡迎杜魯門總統的聲明。社論說：「美總統杜魯門認為：一、中國的

內戰必須迅速設法停止；二、用政治協商的辦法實現中國的團結、和平、民主；三、只有在這個基礎上，美國才準備以信用貸款及其他方法援助中國。我們歡迎美國總統的這一聲明，相信美總統的這一聲明，將對中國時局和遠東時局產生良好的影響。」

國民黨對馬歇爾的調處似乎也是歡迎的。

蔣介石清楚得很，離開了美國的援助，他不可能把百萬軍隊從西南迅速地運送到華北和東北，因為通往華北的鐵路控制在中共軍隊手裡，根本不可能通過。只要美國撤出海軍陸戰隊，華北甚至於東北就會被中共所占領。對蔣介石來說，政治解決真是一劑苦藥，但再苦他也得喝。

另一方面，國民黨軍隊在近幾個月與共產黨軍隊的較量中損失慘重。自抗戰勝利至此時，蔣介石在與共產黨爭奪地盤中損失已達十幾萬人。如此數量巨大的損失，使蔣介石明顯地感到，他的軍隊準備得還不充足，需要時間重新進行軍事籌劃，而這決非十天半月所能辦到的。

當然，蔣介石並不是非得與中共兵戎相見。他讀過《孫子兵法》，知道不戰而屈人之兵是最為上策的。於是他想：既然用武力不能立即將中國共產黨消滅掉，那就不妨先與中共談談看，同時作好談不成的準備。如果能在談判桌上，憑著馬歇爾的三寸不爛之舌，軟硬兼施，將共產黨吞併了，那是最好不過的。萬一談判不能成功甚至於破裂，那麼利用談判來爭取時間，作好軍事上的充足準備也未必是一件壞事。並且，到時候

可以將談判不成的責任推到中共身上，說不定還可以爭取美國政府更多的援助。不錯，不錯。蔣介石想到這裡，不由得心花怒放，記起了在上海灘混跡時常用的一句口頭禪：「任憑風浪起，穩坐釣魚船。」

根據蔣介石的授意，《中央日報》在 11 月 29 日發表了一篇頗具友情味道的社論，題目叫做「惜別赫爾利，歡迎馬歇爾。」社論對突然辭職的赫爾利大使表示了深切的懷念之情，對馬歇爾的到來表示了熱情的歡迎。

透過廣播和電報，馬歇爾了解了中共和國民黨對他的態度。他感到國共兩黨都對他抱有希望，都信任他。於是，他設想著將來的調處，二方都會在親切友好的氣氛中進行，他定將在沒有硝煙的戰場上打贏這場戰爭。

馬歇爾並不是在盲目地樂觀。作為軍人，他養成了一個良好的習慣，每做一件事，都得周密地了解要做的事情的性質、特點、難度，然後再根據自己的能力確定能否勝任，真正做到知彼知己，百戰不殆。

現在，他已掌握了蘇聯和國共三方面的情況，可謂知彼了，他當然更了解自己的能力，一個有著非凡經歷的美國陸軍五星上將，會做不好國共兩黨的調處工作？他不信。

的確，就馬歇爾個人來說，他是一位了不起的人物，無論是人品還是能力。

1924 年，馬歇爾第一次被派往亞洲，來到中國，在駐天津的美軍第十五步兵大隊任職。後來在二次大戰中成為他的直

接部下的中緬印戰區參謀長史迪威當時也在這裡。馬歇爾在第十五步兵大隊長期擔任副職。史迪威在他手下任軍官，兩人相處得挺不錯。

三年以後，馬歇爾回國，在美國本寧堡步兵學校任教，並擔任該校副校長。

馬歇爾在治校與培養學生上頗有一套，在五年中培養了一批出色的軍官，其中有布萊德雷、李奇威、史密斯、柯林斯、霍季斯等人。這些人在二戰中都成了戰功赫赫的高級將領，並大都負責一個方面的軍事指揮工作。這大概也是他在二次大戰中和戰後在軍界極有影響的一個重要原因。

1939 年 9 月 1 日，歐戰爆發，馬歇爾被任命為美國陸軍參謀長，並開始主持聯合參謀總部的工作。馬歇爾的卓越才能從此開始表現出來。

珍珠港事件後，美國投入了對德、日、意軸心國作戰。馬歇爾由於他的才幹，先後受到羅斯福總統與杜魯門總統的倚重。二次大戰中盟國間召開的幾次重大會議他幾乎都參加了，而且作為主持美國聯合參謀總部工作的陸軍參謀長，為盟國的歷次重大決策做出了重要貢獻。

為了表彰馬歇爾在二次大戰中的卓越貢獻，美國政府於1944 年 12 月晉升他為五星上將。五星上將是一種特殊的軍銜，自美國建國以來，被授予此種軍銜的人寥寥無幾。至此，馬歇爾在軍隊內的地位達到了頂峰，他本人也隨之譽滿全球，為世人皆知。

當杜魯門任命馬歇爾為特使去中國調處時，國務院的官員提醒總統是否得事先和英國、蘇聯交換一下意見，杜魯門自信地說：「不，不用，他行。」

杜魯門非常清楚，英國政府不僅熟悉而且非常尊敬馬歇爾，因此，完全有理由說馬歇爾是個能得到英國支持的人選。至於蘇聯，杜魯門記得史達林對馬歇爾的印象非常好，二次大戰時，曾提議馬歇爾擔任實行「霸王」計畫的最高統帥，因此，蘇聯是不會有反對意見的。

後來的事實證明，杜魯門的推測一點也沒有錯。

1945 年 12 月 20 日。上海江灣機場。

一架大型美國空軍運輸機穿出低厚的雲層出現在機場上空。一度繁榮的機場，現在已變得荒蕪淒涼，跑道上滿是彈坑。飛機在破毀的平頂房上轉了一圈，緩慢而又沉重地降落在機場上。

這是一架載有美國總統特使馬歇爾將軍的專機。

機艙門「嘩」地一聲打開了，馬歇爾第一個出了機艙，他抬頭看了一眼細雨濛濛的天空，然後步下飛機。機旁早有接待人員引導著他穿過停機坪，來到機庫前。

美國海軍陸戰隊奏起「洋基歌」以示歡迎。馬歇爾以標準的軍人姿勢肅穆行禮，然後在歡迎者的陪伴下，躊躇滿志地檢閱了儀隊。儀隊是蔣介石專門從南京運去的。

前來機場迎接馬歇爾的是瘦高個的魏德邁中將和美國駐華使館的代辦羅伯遜。

「將軍，歡迎您來中國。」魏德邁半天才擠出這樣一句話，也許是馬歇爾的名氣太大，魏德邁和羅伯遜在他面前顯得有幾分拘謹不安。

「謝謝你們的迎接。」馬歇爾倒顯得很和藹，慈祥地朝兩人微笑著。

「請上車吧，將軍。」魏德邁打開了轎車的小門。

轎車行駛在失修的道路上，顛得很。

「將軍，很抱歉，道路難走得很，戰後一切都還沒有恢復。」羅伯遜用一種關切的口氣說。

「沒什麼，軍人嘛，沒有戰爭就是一種最大的幸福。」馬歇爾似乎不是在回答羅伯遜的話，而是陷入到了某種沉思。

十多分鐘後，車子沿著外灘一轉彎，來到「中國飯店」。一面大型美國星條旗在飯店的入口處飄揚。在戰前的那些繁華的歲月裡，中國的富翁和他們的夫人、從香港來的大班，以及軍火商和軍閥常常在這裡聚會、跳舞，或是在自己的房間裡取樂。

馬歇爾不再說什麼，開始整理自己的行李。

他從黑色的皮箱裡拿出總統的指示信，遞給魏德邁說：「魏德邁，我要你讀這個，」馬歇爾鄭重地加了一句，「並且告訴我你的看法。」

魏德邁認認真真地看完了總統的指示信，這才知道作為總統特使的馬歇爾究竟要完成總統賦予的什麼使命。

「馬歇爾將軍，」魏德邁說，「您絕不能做這件事，這是不

行的！」

馬歇爾自從接受使命，大概第一次聽到說他「不行」的話，頓時驚愕：「為什麼？」

「將軍，」魏德邁似乎沒有注意到馬歇爾異常的表情，只管把自己的想法實實在在地告訴他，「國民黨擁有這裡的所有權力，我可以向您保證，他們將不會作一絲一毫的放棄。共產黨一直想取得這裡的全部權力，而且他們有外國 —— 蘇聯的支持。不存在使他們團結起來的機會，我了解這些人。我了解蔣介石，您能夠與他及他手下的人一起工作，但您要首先記住這是一個封建國家。我也了解共產黨領袖，他們經常來我的住處，我們在一起談論卡爾・馬克思，談論馬克思列寧主義辯證法。我必須誠實地告訴您，國民黨與共產黨絕不會合到一起來。這是行不通的！」

魏德邁越說越激動，最後，他竟然衝著馬歇爾說了一句：「將軍，您肩負著一項不可能完成的使命來到了中國。」

羅伯遜在一旁為魏德邁的這番話嚇呆了，他知道魏德邁和馬歇爾的關係非常好，但是，給剛剛被任命為總統特使的馬歇爾劈頭澆上一盆刺骨的冷水，羅伯遜真怕他受不了。但是，他不好說什麼。他望著馬歇爾，想看看他的反應。

作為軍人時，馬歇爾是個攻無不克的將軍，他絕不會容忍部下在戰鬥尚未打響前，就預言戰鬥將以失敗而告結束。所以，當魏德邁說完「將軍，這是行不通的」時，馬歇爾臉已氣得通紅，他用近乎咆哮的嗓音說：「魏德邁，這是一定行得通的，

我要去做！而且，你一定要幫助我去完成這項使命！」

魏德邁嚇得有些慌亂，他從沒有見過馬歇爾這樣粗暴地和他說話。過了好一陣，魏德邁才膽怯怯地向馬歇爾保證說：「我一定做好您的助手，聽從您的調遣。」

羅伯遜也連忙作了同樣的保證。

馬歇爾臉上，這時才露出了一絲難以察覺的微笑。

第二天，馬歇爾飛抵國民政府首都南京。

其實，當時政府的辦公地尚在重慶，馬歇爾在南京稍事停留後，就將飛往重慶，他的調處工作主要將在那裡進行。

然而，南京這時已經雲集了不少軍政要員了。馬歇爾抵達南京的當晚，蔣介石和夫人宋美齡就接見了馬歇爾。參加接見的還有國民政府的外交部長王世杰。

馬歇爾作為客人，直截了當地向蔣介石說明了自己的來意：「美國政府希望國共兩黨能組成一個聯合政府，使中國的民主化邁上一個新的臺階。」

蔣介石聽了覺得不是滋味，本想發作，但還是忍住了：「馬歇爾將軍，中國的事情有中國自己的特點，外人恐怕不是太清楚。」

馬歇爾知道蔣介石的意思，笑著說：「美國並不願意干涉別國的內部事務。美國政府不願把自己的軍隊、艦隻和飛機留在遠東，除非它已向和平邁出肯定的步伐。」

「這麼說，美國政府準備在近期內撤走在中國的軍隊嘍？」

蔣介石擔心地問。

「不，只要國共兩黨真正地互相讓步，實現中國統一，美國政府就樂於幫助中國建設，包括加強中國的國防力量。」

「只要共產黨軍隊有自主權，我就沒辦法統一中國。」

「如果我去說服他們和國民政府合作呢？」

「他們不會聽的，他們得看看蘇聯是怎樣反應的，因為他們在一切有關重要政策的事務方面都倚賴蘇聯。」

為了更有說服力，蔣介石舉例說：「從10月末到11月中旬，他們在俄國人的幫助下，一直很活躍並且相當順利地接管了日本撤出的地區。不過最近他們在地方衝突中遭受了重大損失，現在想尋找政治解決以爭取時間。蘇聯鑑於東北緊張的局勢，已答應延遲到2月1口撤退占領軍。」

蔣介石是一位深謀遠慮的國民黨領袖人物，他雖是軍人，但並不是一員猛將，而是以智慧取勝的文武雙全的人物，他最善於運用手腕，用一派的力量去打敗另一派，自己則坐收漁翁之利。現在他就是這樣，他並不談自己與共產黨如何不共戴天，而用較多的時間大談蘇聯與中國共產黨的關聯。蔣介石心裡清楚，美國絕不會容忍蘇聯插手中國的事務，如果美國知道中國共產黨是受蘇聯操縱的，必然會盡全力幫助國民黨消滅共產黨。到那時，自己的一黨天下仍然會穩如泰山。於是，他極力把蘇聯和中國共產黨拴在一起，以此來打動馬歇爾，使之在調處中傾向於他。

「蘇聯的目的是在東北建立一個中國共產黨控制下的傀儡政

權，蘇軍在東北的司令官有意拖延從東北撤出蘇軍，是作為援助中共的一種手段。」

馬歇爾知道蔣介石政府對蘇聯一直是不信任的，所以並沒有附和蔣介石的觀點，而是極有禮貌地聽著。

「我完全贊成杜魯門總統對華聲明中的觀點，只要中共取消自主性的軍隊，國共兩黨的聯合是一點問題也沒有的。」蔣介石顯得非常誠懇地說。

調停雙方達協議

12 月 22 日，馬歇爾從南京抵達重慶。

他首先與中共代表進行了會談。

前去拜訪馬歇爾的中共代表有周恩來、葉劍英、董必武。

周恩來向馬歇爾介紹說：「國民黨已表示要支持召開國民大會制定新憲法，但是所有的國大代表都是國民黨在十年前選出來的。對此共產黨不能接受。我們要的是一個真正的聯合政府。有這樣一個政府，軍隊就能夠統一。在這個聯合政府裡，蔣委員長仍然是首腦，國民黨在政府中占第一位。但是這個政府的組成部分將有所不同，各方面力量的對比將有所不同。」

周恩來的話娓娓動聽，馬歇爾說不出中共的意見有什麼不妥之處。他又去找民主同盟，希望民盟能幫助他對國共兩黨進行調處。

民盟的代表向馬歇爾表示了他們對和平的強烈願望：「中國人民的首要願望是和平。我們已經打了十年內戰，人民遭受了極大的痛苦，國家遭受了極大的創傷，美國作為中國的友好國家，有義務幫助政府停止內戰。中國人民是愛好和平的。」

馬歇爾覺得民盟的主張挺合自己的胃口，便興沖沖地去徵詢宋子文對民盟的看法。誰想到宋子文說民盟是一個由一些無足輕重的黨派湊成的黨，不可能辦成什麼國家大事。

馬歇爾聽了宋子文的評價，顯得有幾分失望，便變了一個

話題，談起蘇軍在東北的情況。馬歇爾問宋子文說：「俄國人是不是像在德國所做的一樣，把東北的財產都當成戰利品來處理？」

宋子文不滿地說：「他們拉走了他們所需要的任何東西。」

經過與國共及民盟等幾方面的會談，馬歇爾感到他的使命的開端是不錯的。因為每一個中國人都贊成統一。問題是如何達到這一點，這就需要有調處之人，將各黨派聯合起來，求大同，存小異。

經過幾天的會談，馬歇爾對國共兩黨結束內戰的想法有了一個較為清楚的概念。

國民黨人的想法是：一、停火；二、共產黨撤出鐵路線 10 公里外，設警察哨所保護沿線該區域；三、政府方面除沿北寧鐵路的行動外，願將其在華北的任何行動都事先通知共方。

共產黨人同意停火，但建議協商一切具體安排，並成立一個委員會到發生衝突的地區進行調停。

美國的想法則包括了雙方的某些觀點：一、停火；二、雙方都撤出鐵路線 10 公里以外；三、成立一個由 1 名共產黨代表、1 名國民黨代表和 1 名美國人組成的委員會，前往華北就接受日本投降和調遣軍隊問題提出建議。

然而國民黨方面現在不著急調處，他們的軍隊在與共產黨軍隊的較量中有了很大的進展：

12 月 25 日，國民黨軍傅作義的部隊沿平綏路向東進攻，占領了解放區陶卜齊、旗下營兩地。

12 月 28 日，杜聿明率國民黨軍向遼西、熱河解放區進攻，侵占了義縣。

12 月 30 日，杜聿明率國民黨軍攻占解放區阜新。

中國共產黨強烈要求國民黨方面停止內戰。

12 月 27 日，國共舉行第一次會談。中共代表在會談中向國民黨代表遞交了一份中共代表團的書面提議，提出無條件停止內戰的三項辦法。

中共的建議在一定程度上是和馬歇爾的主張不謀而合的。當馬歇爾收到中共代表送來的建議後，便立即會見了國民黨方面的代表王世杰，告訴他說：「美國政府認為，國共兩黨現在應該立即停止戰爭，坐下來商討最近發生的問題。」

王世杰聽了，現出一副迷惑不解的樣子：「將軍，我不知道最近發生了什麼問題？難道國共兩黨的軍隊又在交戰了嗎？」

「是的，」馬歇爾不喜歡王世杰的外交語言，他直截了當地說，「而且兩黨的爭鬥越來越激烈。中共方面不是已向政府遞交了停火的三點提議嗎？」

「哦，是有這麼回事。」王世杰恍然大悟。

「那政府方面準備如何辦呢？」馬歇爾最迫切的是要知道國民黨是否願意停火。

1946 年 1 月 5 日，由馬歇爾主持，國共雙方代表舉行會談，定下了三人小組成員名單：

小組主席：美國總統特使馬歇爾

小組成員：國民黨政府代表張群

小組成員：中國共產黨代表周恩來

張群是四川人，畢業於日本陸軍士官學校。與蔣介石是留日時的好友，一直受到蔣介石的信任和重用。1926 年至 1927年，張群在動盪的政局中積極追隨蔣介石，任國民黨政府軍事委員會委員、總司令部參議等職。1929 年至 1932 年任上海市市長，後又任國民黨政府的外交部長。1940 年任四川省主席直至現在。張群還是國民黨內「政學系」的代表人物之一。毛澤東赴重慶談判時，張群作為國民黨的首席代表參加了會談。因此，無論從在國民黨、政府中的地位或才能而言，張群都是國民黨中的佼佼者，同時又是無可置疑的最為蔣介石信任的人物。馬歇爾對張群有著良好的印象，他說：「張群先生是能夠使中國免於內戰的幾個中國領導人之一。」

應該說，蔣介石對這次談判的重視不亞於上一次與毛澤東的會談。

中國共產黨對這一輪國共和談同樣是非常關注的，派出了經驗豐富的周恩來作為中共的首席談判代表。一方面在於周恩來在中國共產黨內有著崇高的地位：早年他對中國共產黨建黨、建團做出過重大貢獻；在北伐戰爭、十年內戰及抗日戰爭中，他始終是中國共產黨領導核心中舉足輕重的人物。此時他是中國共產黨黨內三駕馬車 —— 毛澤東、劉少奇、周恩來 ——之一。另一方面，就談判而言，中國共產黨內恐怕找不到比他更強的人物，他早已是全黨公認的談判家。每次與中國共產黨

命運攸關或與中國共產黨的重大政策轉變有關的重大談判都是由他出色地加以完成的：西安事變時與蔣介石的關於停止內戰、一致抗日的談判；「七·七事變」前後為實現第二次國共合作與國民黨進行的談判；抗戰後期與國民黨方面的一系列重要談判；重慶談判時期，陪同毛澤東在重慶與蔣介石進行的關於戰後和平、民主建國的談判。

1月7日，三人小組在馬歇爾的住處怡園舉行首次會議。主要目的是在1月10日全國政治協商會議開幕之前達成一項關於停止國共武裝衝突的協議，為政治決定中國問題奠定基礎。

在談判中，有爭議的重大問題之一，是國民黨在東北的「調動」問題。

從日本宣布無條件投降起，東北就成了國共雙方爭奪的兩大重點之一，另一重點是華北。

在東北成為爭奪重點的諸因素中，經濟發達是一個極重要因素。

當時東北的紙張生產為關內的百分之七十，煤產量與關內幾乎相等；發電量為關內的2.5倍；水泥產量最高年為關內的9.5倍；鐵路總長為11,000多公里，關內鐵路總長僅13,000公里，只比關外長2,000多公里。

正因為如此，東北也是美國特別關注的地區，美國希望那裡在戰後成為美國從中國帶來最大經濟利益的地區；另外，美國還希望東北成為歐亞大陸對蘇抑制圈的重要一環，這也使美國特別關注東北。

調停雙方達協議

當時東北的形勢是這樣的：奉命前往東北的八路軍各部和原先在東北堅持抗日的東北聯軍，已組成近 30 萬人的東北民主聯軍，分布於蘇軍未能駐防或已撤離的東北各地，並成立了各級民主政權。

國民黨方面當然知道這個情形，為了讓國民黨在東北進行的內戰合法化，張群在談判桌上強調說：「停戰令對國民政府軍隊為恢復中國主權而開入東北，或在東北境內調動，並不影響。」

周恩來表示不能接受張群的提議：「東北實際上只剩下蘇軍駐紮的長春、瀋陽等幾座大城市尚待接收了。因為東北的大部分地區已經被我人民武裝接收，主權已經得到了恢復。如果說要接收長春、瀋陽等城市，我認為中國共產黨領導下的軍隊是最有理由接收的，因為這些軍隊一直在跟侵華日軍進行艱苦的戰鬥，勝利的果實，他們最有權利採收。如果國民黨軍隊這時硬要去東北接收，我們不能不認為是對解放區進行進攻，企圖消滅我人民武裝。因此，既然是停戰，在全國各地應無一例外。」

馬歇爾採取了折中的辦法，美國可以為國民政府運送部隊去東北進行接收，但已被共產黨軍隊接收的地區暫時維持現狀。

這實際上是阻止蘇聯把東北整個地區交給共產黨，為了防止國共兩黨的衝突，馬歇爾又以維護解放區來安撫共產黨人。

周恩來對此做出了讓步，他同意讓一定數量的國民黨軍隊開入東北接收長春等城市。

於是，東北問題暫時就這樣達成了協定。

但是對於熱河省和察哈爾省的赤峰、多倫城市的接收卻仍然存在重大的爭議。

赤峰、多倫地處策略要衝。抗日戰爭時期，日本占領軍將兩城市劃入偽滿洲國，因此，蘇軍出兵東北時，曾一度占領過此地。此時，兩城市已由中國共產黨領導的部隊占領或管理著行政事務。

談判中，張群蠻橫地說：「赤峰、多倫兩地，中共的軍隊必須退出，應該由政府派軍隊去接管。」

周恩來斷然拒絕：「這決沒有可能，共產黨已經在那裡成立了民選政府，一切都在按人民的願望辦。」

張群堅持說：「共產黨扶植起來的政權組織怎麼能讓政府接受呢？如果各個黨派都無視政府，自行組織地方政權，那不成了割據了嗎？這是絕對不能容忍的！」

周恩來寸步不讓：「如果政府硬要派軍隊進駐這兩個城市，人民只有被迫拿起武器抗擊了。」

馬歇爾見國共雙方代表各不相讓，劍拔弩張，便急忙說：「這樣吧，停戰協定上對這兩個城市如何規定，我先去請示一下蔣委員長，看看他的意見如何？」

晚上，馬歇爾真的去找蔣介石，把國共雙方代表的爭執一一說了，蔣介石一擺手說：「這個好辦，先不管它，以後再說。」

這是表示同意維持這兩城市的現狀呢，還是有別的什麼

意思，馬歇爾迷惑不解。但是談判桌上可以暫不討論這個問題了。馬歇爾想到這，心裡還是有幾分高興。

1月10日。

中午以後，重慶的濃霧漸漸變得稀薄了，呈現出淡淡的乳白色。依著山勢修築的街道，宛如一條條曲折迂迴的飄帶，時而沿江馳騁，時而飛上山嶺。陡峭的山頂上、山腰間，各種的樓臺房舍點綴在綠葉紅花之中。其中，最引人注目的大概要算牛角坨的那幢小樓了。

這幢小樓引人注目之處是門口站著荷槍的美國士兵，使人感到裡面住著的不是一般的美國客人。的確，這位客人不一般，他就是美國特使馬歇爾。

前兩次的三人小組談判，都是在這幢小樓裡進行的。雖然說不上十分成功，但總是有收穫的。今天他顯得特別高興，抬起手腕看看錶，下午開會的時間還早。他睡不著，披著睡衣來到陽臺上，眺望著遠方的群山。記得剛剛作為特使踏上中國的土地時，魏德邁就勸我別做這份勞而無功的差事，他是怎麼說的，他說：「將軍，這是行不通的！」現在怎麼樣了呢？問題不都解決了嗎？過一會兒周恩來和張群就要來舉行停戰協定的簽字儀式。雖然這僅僅是開端，可畢竟是個良好的開端。

他走進充當簽字儀式處的客廳，看見駐華使館代辦羅伯遜和軍事參贊拜羅德上校正在忙著布置場地。他停下腳步，目光掃視著客廳內的布置，滿意地笑了。對面的牆上，掛著聖母瑪麗亞懷抱天使的油畫，下邊擺放著一對中國的景泰藍。而離牆

一公尺遠的地方，擺著長條桌，座位後面的木檯上，有一束黃色的鮮花，是聖誕節時蔣夫人贈送給他的節日禮物。一間小小的客廳，雜陳著中西方的裝飾品，真有點不倫不類，但比沒有總要強一些。

下午3點鐘，兩輛黑色「雪佛蘭」幾乎同時駛到怡園門前停了下來，從車內走出張群和周恩來。下車之後，他們禮貌地伸出了手。互相問候之後，謙讓一番，然後一齊向院內走去。

聽到汽車的聲音，馬歇爾走到門口迎接國共雙方的代表。

寒暄過後，三人來到客廳，神情嚴肅地坐到長條桌前。馬歇爾居中，張群居右，周恩來居左。3時10分，簽字儀式按預定時間正式開始。擺在他們面前的一共有四個义件：一、關於停止國內軍事衝突的命令；二、關於停止國內軍事衝突命令的了解事項；三、關於建立軍事調處執行部的協議；四、中共代表與國民黨代表關於停止國內衝突的使命和聲明。

第一個簽字的是張群。他拿起筆來，猛然想到這些文件本不該他來簽字，而應該是張治中。和共產黨談判的代表，蔣介石認定的是張治中，可他遠在新疆，蔣介石雖然發了幾封電報催他趕快回重慶，但不知什麼原因，張治中遲遲未能到達。沒有辦法，蔣介石只好讓他先抵擋一陣，和周恩來、馬歇爾談起來再說。前天，張治中回到了重慶，張群趕快對他說：「文白部長，你回來得正是時候，後天簽定停戰協定由你上吧，我算交差了。」張治中擺擺手說：「那怎麼行，你們已經談了一半，我怎能插手？先把停戰問題談妥了再說吧！」沒有辦法，張群只

好硬著頭皮來了。三個月前的國共談判中,他已經領略過周恩來的機智多謀。現在,他趕快在文件後面簽上了自己的名字。心想:這下可解脫了,下一步就是文白的事了。

看著馬歇爾從張群手裡把簽過字的文件放到自己的面前,周恩來的腦海中出現了三個月前的那一幕。那是去年的 10 月 10 日,也是下午,在桂園張治中的住處,他和王若飛代表中共和國民黨代表張治中、王世杰、邵力子在《政府與中共代表會談紀要》上簽字。對了,張群後來也補簽了字。那次談判剛開始不久,國民黨十九軍軍長史澤波便指揮一萬七千多兵力,向上黨地區發動進攻。當時毛澤東正在重慶與蔣介石談判,接到了在延安主持中央工作的劉少奇和晉冀魯豫軍區的劉伯承、鄧小平發來的電報,請示打不打。毛澤東看了電報說:「告訴他們,要打,狠狠地打!他們打得越好,我在這裡越安全。」果然,劉、鄧部隊於 9 月 10 日發起攻擊,打敗了國民黨軍隊,活捉了史澤波。

按時間計算,他在紀要上簽字的那天,上黨正在激戰中。但願這一次不會是那樣,他拿起筆,懷著一種難以敘說的複雜心情簽上了「周恩來」三個字。

最後簽字的是馬歇爾。他動作飛快,瀟灑地簽上了自己的名字。他的「中國通」朋友告訴他,中國人是不太守信用的,任何簽了字的文本,只要不合意,隨時都可以變成一張廢紙,但不管怎麼說,有協定總比沒有好,它對於對立情緒如此之大的兩個黨派,多少總會有點約束力的。

簽字儀式順利地進行完了。三個人站起身來，端著紅紅的葡萄酒，輕輕地碰了一下杯，然後各自一飲而盡。接著是他們發出的歡快的笑聲。

　　這份令三方談判代表都滿意的《停戰協定》包括以下內容：

　　停戰令規定國共雙方必須立即停止衝突。鑑於命令傳達至分散於各地的部隊需要時間，三人小組會議決定停戰令於1月13日午夜起生效。

　　1月10日，在國共雙方簽署了「停戰協定」後，毛澤東和蔣介石分別向中共軍隊與國民黨軍隊發布了停戰令……

得恩來者得天下

由於國共兩黨停戰令的簽定，政治協商會議總算如期開幕了。

大約是勞累了一天，蔣介石覺得有點累了，儘管現在不過是下午 4 點鐘，他還是不願意出去散散步。林園的風景是美麗的，他只是站在窗前，撩開簾子，望了望窗外深色的充滿生機的世界，又坐回到了沙發上。他仰躺著，閉上眼睛，腦子裡卻想著上午政協會議開幕的情形：

記得自己是從禮堂側門進入會場的，身披著黑色拿破崙披風，威風凜凜地登上了講臺。一上臺並沒有急於致開幕詞，而是說：「本人很愉快地向諸位宣布，停止衝突的辦法已經商妥，停止衝突的命令即可發布。」

臺下報以一陣熱烈的掌聲，他們把自己看成了和平的締造者。

接著，自己以愉快的心情，在默念了一遍國父的遺囑後，便致開幕詞了。

自己好像著重講了三點意見：一、要真誠坦白，建立民主的楷模；二、要大公無私，顧全國家的利益；三、要高瞻遠矚，正視國家的前途。

代表們對自己的這個講話還是很滿意的，因為贏得了不少的掌聲，聽得出，這不是禮貌性的廉價掌聲，而是發自內心的。

記得自己還特地瞥了一眼端坐在前排的周恩來、葉劍英、王若飛、董必武、鄧穎超等人的面孔，想看看他們是什麼表情。他們似乎也很動情，也在拚命地鼓掌。

自己致詞完後，緊接著走上講臺的是中共代表周恩來。這是一位精明能幹的人，早在黃埔共事時就領教了，可惜沒有留住，跑到共產黨那邊去了。唉，得周恩來者，得天下。

自己好像特別注意他講些什麼。

他說了，要堅決避免內戰，在蔣主席領導下建設和平民主的中國。

他的致詞也贏得了不少掌聲。

可是絕不能信他的，共產黨什麼時候服從過自己的領導，不過是裝裝門面罷了。

蔣介石這樣想著，從沙發上起身，走到寬大的寫字臺邊，首先躍入他眼簾的是一疊文件，最上面的就是張群、周恩來、馬歇爾三人合簽的關於停止衝突、恢復交通的協定。於是心裡湧起一陣不快，整天叫喊著停止衝突，地盤都讓共產黨搶去了，他們當然巴不得從此各持一方了。可是國民黨的軍隊呢？大部分還在南方。美國人也真不夠朋友，眼看著共產黨把華北、東北給奪去了，還硬逼著停戰。

他索然無味地看著文件上規定的各種條款，讓別人逼著做自己所不願意的事，的確是難受的。這種感覺已經有了兩次了，一次是西安事變，那一次弄得他實在是難堪之極。另一次就是不久前毛澤東來重慶的談判，硬逼著他在《會談紀要》上

簽了字。

想起這兩次強人所難的事情，蔣介石耿耿於懷。

現在，第三次了，又逼著自己簽字。想當年，風華正茂之時，出任北伐總司令，一呼百應，所向披靡，所到之處，百姓無不高呼「萬歲」。俱往矣，十幾年的剿共反倒把共產黨越剿越多，越剿越強大，今天竟然要平分江山了。他惱怒極了，將拿起的筆又放下。突然，他聽到了輕盈熟悉的腳步聲。抬起頭，見宋美齡走到了寫字臺前。

「有事嗎？」蔣介石問。

「是關於政治協商會議開幕詞的事。」宋美齡說。

「妳說吧。」蔣介石看看夫人，不知道她要說什麼。

「是這樣，」宋美齡盡量把語氣放緩一些，「對你在政協會上的開幕詞，有的人只注意最後一段話，並借此大作文章。」

「最後一段話？」蔣介石已經不記得了，因為稿子是陳布雷寫的，唸完就忘了，「最後一段話怎麼啦？」

宋美齡遞過一張剛剛出版的當天報紙，指著上面用紅筆劃出的地方。蔣介石這才知道最後一段話的內容。這段話說：

「現在，我還要乘此機會向各位宣布政府決定實施的事項：

一、人民之自由：人民享有身體、信仰、言論、出版、集會、結社之自由，現行法令，依此原則分別予以廢止或修正。

司法與警察以外機關，不得拘捕、審訊及處罰人民。

二、政黨之合法地位：各政黨在法律之前一律平等，並得

在法律範圍之內，公開活動。

三、普選：各地積極推行地方自治，依法實行由下而上之普選。

四、釋放政治犯：政治犯除漢奸及確有危害民國之行為者外，分別予以釋放。」

蔣介石看完後說：「這有什麼，不都是一些場面上應酬的話嗎？」

「可是中共和那些跟著中共跑的人卻會以此步步緊逼，讓你弄假成真。」宋美齡擔心地說。

「我又不是傻瓜，許諾歸許諾，什麼時候實行，還得視具體的國情而定。我又沒說明天早上就通通兌現。」蔣介石滿不在乎。

看到蔣介石不把這事放在心上，宋美齡也就不再多說了，她轉而問道：「停戰令今天發布嗎？」

「是的。」蔣介石無可奈何地說：「昨天晚上馬歇爾已經來跟我說了，現在我是弦上的箭，不能不發了。」

經過蔣介石的這一提醒，宋美齡想起來了，昨晚9點多鐘的時候，馬歇爾來了，還衝著她笑了笑說：「很抱歉，我這麼晚了還來打擾委員長閣下和夫人。」

丈夫在一旁說了一句很得體的話：「對美國朋友，特別是將軍您，我的門隨時都是敞開的。」接著，丈夫又說：「如果我沒有猜錯，您是為停戰之事來的吧？」

「委員長猜對了，」馬歇爾當時是這樣說的，「我認為有關國共雙方停戰的文件，已到了應該簽字的時候了。」

想到這裡，宋美齡看看蔣介石，只見他已經抓起筆，在文件的後面寫上了「蔣中正」三個字，然後使勁地將筆扔在桌子上。

宋美齡看著蔣介石的神情和動作，臉上浮起了一絲苦澀的笑容。

與此同時，中共代表團的辦事處——紅岩村卻熱鬧非凡，三十多名中外記者興奮地等候在那裡，他們是應周恩來的邀請，來參加記者招待會的。

紅岩村 13 號位於化龍橋嘉陵江西岸，1938 年日軍占領武漢，八路軍就在重慶設立了辦事處，以周恩來為首，成立了由董必武、林伯渠、葉劍英、鄧穎超、吳玉章、王若飛等組成的南方局，長駐在重慶工作。中共代表團經常在此舉行中外記者招待會，應該說，紅岩村對於新聞記者們是一點也不陌生的。

然而，每次周恩來舉行記者招待會，都有眾多的記者蜂湧而來，把個小小的客廳擠得滿滿的，窗外還有把耳朵緊貼在窗子上聆聽的記者。

今天的記者招待會就是這樣。趁著會議還沒開始，等待在外的記者們三三兩兩地議論開了。

「看啦，中共中央發布的停止內戰衝突的通告。動作真快呀。」

一記者拿著一份剛剛油印出來的資料招呼他的同行。

「哎，還有毛澤東的親筆簽名哩！」一位女記者接過油印的

資料說道。

「中共的動作好快呀！」一位戴眼鏡的中年男記者讚道，「停戰協定簽定才幾個小時，他們的停火通告就出來了。政府方面反倒沒有什麼消息。」

「據說已經成立了軍事調處執行部，從 13 日起實行全面停火。」有人在這樣說。

「這下好了，有了軍調部，軍事衝突該停下來了。」有人興奮地說。「這不見得，軍調部有什麼權威和實力，還不是各方人員受各方的支配，說不定會演出一場好戲哩！」有人不同意「該停火了」的見解。

突然，門口和院子裡靜了下來，正在爭論的幾個記者抬頭望去，周恩來邁著穩健的步子走了進來。

他逐一地和記者握手問好。這一天他夠忙的了，早上起來就與馬歇爾、張群談判，接著前去參加政治協商會議開幕式，在會上致詞，下午又和馬歇爾、張群舉行停戰協定文件的簽字儀式，夠疲勞的，可人們卻很難看見他臉上的倦容，似乎他的精力永遠是這樣的充沛。

大家隨著周恩來進了接待室。

「各位記者先生們，歡迎你們前來參加這次記者招待會！」周恩來熱情地招呼著前來採訪的三十多名中外記者。

記者們默不作聲，手中的筆在飛快地移動著，攝影師們則在不斷地閃耀著鎂光燈。

周恩來接著說：「今天國共雙方共同公報的發表，是大家所

歡迎的，公報的主要內容大家已看到了，無須多說。雖然這僅僅只是停戰命令的公告，是停止內戰的開始，但這是極不容易的事情。中國國共兩黨的軍事衝突，斷續達 18 年之久，像這次公開發表雙方停戰命令，還是歷史上未有的事情。我想這一個成功，主要應歸功於全中國人民的要求與督促，同樣的應歸功於同盟國人民的要求與希望。在合乎國內外人民要求之下，我們中共代表團提出了無條件停戰的要求，杜魯門總統發表了聲明，莫斯科三國外長會議發表了協議。在這些基礎上，我們看到了馬歇爾將軍的贊助，我們看到了政府代表的努力，最後也顯出了蔣主席的決心，最終完成了這個停戰命令的頒布。」

周恩來略略停頓了一下，目光向全場掃了一圈，繼續說：「現在這個停戰命令，一方面已在外國報紙公布和中國新聞機構傳播，另一方面政府已在正式下命令給各地軍隊。我們的通告，大家都看到了。毛澤東主席在上面親筆簽字，已經發到了我黨領導的軍隊和解放區。所以在今天，政治協商會議開幕之日，也是聯合國大會開幕之日，能做到這件事，是很值得慶賀的。諸位這幾個月來對這件事的關懷，以及對無條件停戰呼聲的贊助，我同樣也很感謝諸位。因為諸位不僅報導消息，也把人民的呼聲告訴了我們。我說這些就夠了，留出時間待諸位提出問題。」

記者們頓時活躍起來。

有記者問：「執行部成立，中共打算派誰去？美國和政府方面派誰去？執行部的組織和人數如何分配？」

周恩來答：「中共代表是葉劍英將軍，美方和國民黨方面的代表，據說是美代辦羅伯遜先生和鄭介民廳長。執行部將設執行組、祕書處及聯絡人員。參加人數，雙方都有同等數目。」

記者問：「執行部何時開始工作？」

周恩來答：「很快，希望能在三天至五天以內。」

記者問：「停戰命令什麼時候開始執行？」

周恩來答：「命令今天下了，今天就應該執行。雙方已約定至遲在三天之內，一律停戰。也許有些村落因命令還未送到，致尚有零星戰鬥。除非有些地方因沒有電臺，而又處在被封鎖狀況之中，那就要延長時日，如我們在海南島的部隊，便沒有任何通訊聯絡。」

記者問：「執行部設立後，軍事三人小組會議是否仍要召開？」

周恩來答：「現在是停戰問題，由三人會議解決，但並不包括整軍。整軍問題要在政治協商會議中討論，三人軍事小組會議也將商討。」

記者問：「東北繼續運兵，是否將不受此命令限制？」

周恩來答：「是的，中國政府是從蘇軍手中接收中國主權，而不是為了內戰，故這種運兵將不受限制。」

記者問：「監督停戰的軍事考察團的組織和職權是怎樣的？」

周恩來答：「除國共雙方當事人外，由政治協商會議、國民

參政會，各派公正人士八人，共十六人，組成軍事考察團，分赴各地考察軍事衝突情形。我想軍事衝突停止了，考察團也可作建設性的建議。我們希望中外記者能參加考察團同去各地考察。」

記者問：「他們將向誰作建議？考察團何時可組成出發？」

周恩來答：「他們可向政治協商會議，向國民參政會，向國共雙方，向三人會議作建議，總之他們有他們的獨立權力。可能在現在或政治協商會議開過後組成。」

1936 年 5 月 5 日，國民黨的「國民大會」通過了一項帶封建色彩的、獨裁的憲法草案，亦即是後來的「五五憲草」。這次政協會議上，國民黨代表企圖由舊「國大」代表的班底，通過一部對「五五憲草」略加修改的新憲法。

中共代表堅決表示反對。周恩來在討論會上指出：「1936年的國大代表並不是民意的產物。那時國民黨一統天下，中國共產黨處在地下，許多黨派也無選舉權，選舉方法是普遍與自由的民主選舉。試問，這樣的代表能被承認嗎？」

鄧穎超也指出：「現在人民覺悟提高，積極要求行使他們的民主權力。抗戰中各抗日黨派卓有功績，已經成為中國政治的實際重要組成部分，所以國大應由各黨派及社會賢達共同籌備並主持進行。」

國民黨代表邵力子在會上反對中共代表的意見：「憲法是國大正式通過的，絕不可全盤否定，有些方面是可以修改的。不過，『五五憲草』依舊是一部行之有效的大法。」

周恩來反駁說：「承認不承認國大舊代表是一回事，是否因此而鬧到分裂，這又是一回事。國大舊代表選在十年以前，那時一黨統治，中共處在地下，我們當然不能承認他們為合法代表。但如果一切問題都已解決，只剩下這個問題未得解決，是否為了這一問題我們就要與政府國民黨分裂呢？當然不能。又不承認舊代表，又不要分裂，那麼這不是很困難嗎？當然是困難，既是難題，就要找出路，就要在許多問題上找政治民主化的出路。如果關於政治民主化，在別的問題上都找不到出路，國大舊代表問題上，中共又作妥協，那麼，我們將無以對人民。」

　　為了使政協會議能夠勝利進行，中國共產黨作了有原則的讓步，同意舊代表有效，但必須增加足夠數目的新代表，並規定憲法通過須經過出席代表四分之三的支持。國民黨只得表示同意。這樣，中國共產黨既堅持了原則，又避免了會議的破裂，取得了第三方的同情。

　　改組政府問題，亦即在國民大會召開前改組國民黨政府，成立臨時的聯合政府的問題，國民黨與共產黨以及第三方的意見又發生嚴重的分歧。

　　國民黨代表孫科、吳鐵城等人提出了一個「擴大政府組織方案」，要求「國民政府委員就原有名額增加三分之一」，「國民政府委員得由主席提請，選任黨外人士充任之。」「遇有緊急情形時，國民政府主席可為有權宜之處置，但應予處置後，報告國民政府委員會。」

　　中共代表董必武提出了不同的意見：「王雪艇先生說國民黨要在政府中占多數，我們既承認國民黨是第一大黨，當然也同意可以多一些，至於多到什麼程度，根據我們做地方政權工作的經驗，最好是政府主要職員大黨所占的地位不要超過三分之一。王先生又說，國府委員人選由主席提交國民黨中執會或常會通過。如此則還是國民黨一黨專政的形式，國民黨中央直接干預國家最高決策機關的人選，不知由結束訓政到實行憲政這一過渡時間與訓政時國民黨對國家的地位，究竟有何區別？國民黨方面的提案中還說『遇有緊急情形時，國民政府主席是權宜之計，我們覺得不甚妥當，老實說我們中國除疊床架屋的政權機構妨礙行政效率外，還有手令制，如果確定主席有緊急處置權，不但不能防止手令制，而且更促進手令制的發展，緊急處置權並非國家元首必不可少之權，我們認為主席的命令還是要經會議通過，而且要設有副職。」

　　民主同盟的代表羅隆基也就國民黨代表的方案提出了質疑：「有幾個問題，希望國民黨代表能作答：國府委員由主席提請選任黨外人士參加，但須經國民黨機關通過，這些人是否要向國民黨的機關負責？主席緊急處置權，『緊急』兩字如何解釋，若無限制，則可能使將來的國府委員會等同於今天的國府委員會，英美的緊急權需提交議會通過，而這方案中所規定只說向國府委員會報告，應請解釋。」

　　郭沫若的發言最具諷刺與幽默，他說：「主席權限太大。雪艇先生說主席並非獨裁，但是也太辛勞，是否可設輔助辦法，如副主席或常委會，以減輕主席之勞瘁與責任。」

國民黨招抵不上中國共產黨與第三方的攻擊，退卻了。不得不明確規定：國府委員會為最高國務機關，對各部會長官及各部會政務委員有任免之權，對立法委員、監督委員有任用之權；在國府委員會的名額分配上，否定了國民黨占「特定多數」的主張；在涉及施政綱領的變更規定上，規定須出席人員三分之二的贊成，方得決議；並在實質上，否定了主席的緊急處置權，使國民黨將政府委員會變成橡皮圖章的希望破滅。

軍隊問題也是政協會議要解決的一個重要問題。中國共產黨提出先要使政治民主化，然後才可能使軍隊國家化。國民黨的意見則截然相反。

周恩來代表中共發言說：「現在要所有軍隊國家化，我們非常同意。但是如果以為先有軍隊國家化，然後才能政治民主化則我有點不同意。如果是這樣，那麼，今天協商的問題，將用什麼方法來解決呢？政治協商會議，就是要平心靜氣來商討，以達到政治民主化、軍隊國家化的目的。」

蔣介石在致閉幕詞中，說了許多「多年來蘊蓄在心而沒有說」的話。他說：「中正個人從幼年起，對政治是不感興趣的，平生的抱負和事業，是只知獻身於國民革命，以期救國救民。自辛亥革命以至於現在抗戰勝利，這35年之中，所有革命戰役，無役不從，艱難困苦，無所不經，自省革命志願與應盡的革命義務，幸無隕越，對於國家和人民，亦已盡了我的天職，略可自慰。」

述說了一番自己的光榮歷史之後，蔣介石稍稍地停了一

停,掃視了臺下一眼,發現人們都在安心地聽著,於是,他又從容地說道:「可是,我們國家當此元氣凋傷之後,國家前途的危難和建國事業的艱鉅,只有比戰前乃至戰時更加嚴重,實在不勝臨淵履冰之懼。幸而此次政治協商會議,制定了和平建國綱領,及各種有關問題的方案,建國初基已具,憲政實施有期,今後各黨各派的中堅分子以及社會賢達,都將參加政府,共同負起對國家民族前途的大責;今後建國的重任,既不是國民黨一黨的責任,更不是中正個人的責任,這一重大的責任,要交託給各位同仁和全國同胞來共同擔負。」

蔣介石最後表示:「今後中正無論在朝在野,均必本著公民應盡的責任,忠實地堅決地遵守本會議一切的決議,確保和平團結的一貫精誠,督促我們國家走上統一民主的光明大道,以期報答為抗戰犧牲的先烈,完成國父締造民國未竟的事業。」

中共代表周恩來的閉幕致詞則顯得很簡潔,他在列舉了這次政協會議的成果後說:「這是中國走上和平團結民主統一的開始,值得我們慶幸。我們也懂得建設的開始,必然會遭遇許多困難,使中國和平建設真正能夠開始,而創造出中國新的一頁歷史。」

為了慶祝政協會議的勝利閉幕,中共代表團於2月1日下午2點在紅岩村八路軍辦事處舉行了記者招待會,中共代表團出席的有周恩來、董必武、王若飛、陸定一、吳玉章、鄧穎超。到會的中外記者有三十多人。

政協開會期間,國民黨出席各小組的代表在會後都要向蔣

介石報告，唯有孫科懶得上蔣介石那裡去報告，只是把憲草小組會議紀錄送給蔣介石過目，而蔣卻未看。等到政協會議快閉幕，蔣介石發現憲草對總統的權力嚴加限制時，想修改也來不及了。真是啞巴吃黃連，有苦說不出。

當谷正綱等人大鬧中央黨部時，蔣介石也在場，他面無表情，一語不發。會後，當谷正綱等人又找上門來向蔣介石表忠心時，蔣介石才說：「我對憲法也不滿意，但事已至此，無法推翻原案，只有姑息通過，將來再說，好在是一個草案，這是黨派會議，還待取決於全國人民，等開國民大會時再說吧。」這就是說，蔣介石在簽字的這一天，就絲毫沒有想到要去履行它。谷正綱等人心領神會，一場風暴才得以平息，但這預示了政協決議的命運。

馬歇爾沉醉在政協會議的勝利結束中沒幾天，就變得不那麼樂觀了。

中國共產黨人對於馬歇爾將軍的調處是持讚賞態度的。在他們看來，馬歇爾是站在一個較為公正的立場上來調處國共兩黨的關係，而不是像赫爾利那樣，單方面地要求中國共產黨人交出武裝，服從國民政府的領導。

在政協會議閉幕前夕，周恩來還特地代表中國共產黨人拜會了馬歇爾，還帶去了一位中央領導的問候信。

馬歇爾來中國的時間並不長，但很快地，他發現周恩來是一位精明能幹的談判家，他曾經對王世杰說：「如果成立了聯合政府，我想外交部長可能是你，也可能是周恩來先生。」

王世杰當時回答說：「我沒有辦法與周恩來先生競爭。凡與他打交道的人，不管是他的對手還是朋友，無不對他產生好感。」

的確，周恩來的溫文爾雅給馬歇爾留下了深刻的印象，他沒想到宣傳中所說的「凶殘的共產黨」竟是這般的儒雅，風度翩翩，當見到周恩來登門拜訪時，馬歇爾友好地伸過手去：「你好，周恩來先生！」

「你好，馬歇爾將軍！」周恩來禮貌地回了一句。

「政協會議明天就結束了，聽說會議開得很圓滿，我表示祝賀。」馬歇爾真誠地說。

「這跟將軍您的努力調處是分不開的。您是一位熱愛和平的將軍。」周恩來也真誠地說。

馬歇爾笑得很開心，就像戰鬥結束，看到陣地上插滿了勝利的旗幟一樣。

「我前天回延安，還帶回了中共中央委員會給您的信。」周恩來把信遞給馬歇爾。

「啊？」馬歇爾感到有幾分意外，但很快從周恩來手裡接過信，拆開，看了起來，信中說：「非常讚賞馬歇爾將軍在談判和貫徹停戰協定方面所表現出來的公正、合理的態度。中國共產黨中央委員會決定繼續委派周恩來為中共的代表，就各種問題與您進行討論。」

看到這裡，馬歇爾向周恩來伸過熱情友好的手，周恩來緊緊握著它，說：「我們將盡全力配合您調處成功。」

又過了一天，周恩來再次會見了馬歇爾，代表中共中央和毛澤東，就中國共產黨和美國、中國與美國的關係進行了展望，周恩來說：「中國共產黨領導人注意到了將軍您在處理停戰問題上的公正和合理的態度，如果美國能在處理中國問題上持完全公正的態度，中國共產黨準備在這種前提下與美國進行局部性和全國性的合作。中國共產黨認為，社會主義是共產黨人的遠大目標，但目前中國立即實行社會主義的條件還不具備。因此，在目前階段，中國在實行民主方面應向美國學習。在這一階段中，中國共產黨希望獲得美國的科學，特別是給中國引進農業改造的技術、工業化、自由經營和個性發展等，以便建立起一個獨立、自由和繁榮的國家。」

　　「周恩來先生，如果我沒有理解錯的話，這就是說，假如成立聯合政府，中國共產黨並不打算去搞社會主義，而願意實行美國模式的民主。是這樣嗎？」馬歇爾很有興趣地問。

　　「是的，因為中國的政治和經濟基礎都還達不到建立社會主義的標準。」周恩來毫不遲疑地說。

　　「聽說毛先生想去莫斯科訪問，是嗎？」馬歇爾似乎很隨便地問。

　　這實際上是一個很敏感的問題，如果說「是」，那就意味著蘇聯和中國共產黨有著密切的聯繫，美國絕不能坐視。因此，周恩來很自然地說：「毛澤東同志也曾聽到過這一傳聞，他說，『即使我要去國外休假，我寧願去美國，因為在那裡我可以學到許多對中國有用的東西。』」

「是嗎？」馬歇爾感到驚訝，「看來我並沒有真正認識中國共產黨人。」

「慢慢地，您就會認識了，對國民黨人也是這樣。」周恩來說。

馬歇爾延安之行

　　對於馬歇爾來說，延安是一個神祕的地方，令他心馳神往。他早已把延安作為自己這次巡視的最重要的一站。當飛機離開歸綏，他的眼睛就一直注視著機翼的下方，希望早日進入那塊充滿活力的黃土地。來到中國已經兩個多月了，他見到了包括蔣介石在內的國民黨方面的所有重要官員，見到的民主黨派和無黨派人士也不少。唯有共產黨方面，卻只見到周恩來、董必武、王若飛、葉劍英、吳玉章、陸定一，哦，還有周恩來的夫人鄧穎超女士。這些人都是十分聰明的能人，與國方官員相比，他覺得共方的官員更具有魅力，更有朝氣，更勇於面對現實。

　　而國府方面的最高統帥則是一個自私而又固執的人，他對蔣介石沒有好的印象，認為他缺乏合作精神，也正因為如此，在以後馬歇爾任美國國務卿的時間裡，他總不是那麼願意給蔣介石政府提供幫助，以致蔣介石逃往臺灣後，有人對馬歇爾說：「將軍，是您幫助共產黨打敗了蔣介石。」共方的最高決策者會是一個什麼樣的人，他猜想一定十分能幹，因為每逢決定重大問題，像周恩來這樣能做的人總忘不了回延安請示，時間長了，便給了馬歇爾這樣一個印象，只有周恩來從延安回到重慶，問題才能定下來。

　　飛機在延安機場著陸了，他一點沒想到會受到如此熱烈的歡迎。他一走出機艙門，就看到機場入口處矗立一座紅布搭起

71

的牌樓，插著中、美兩國的國旗，牌樓的橫區上懸著中英兩種
文字寫的「歡迎馬歇爾、張治中、周恩來三將軍！」的橫幅，兩
邊的巨幅紅色標語是：「國共合作萬歲！」、「中美合作萬歲！」
舷梯下邊，有一萬多人的歡迎隊伍，最前邊站著的一排人是共
產黨的領導人。

「這是馬歇爾將軍。這是毛澤東主席。」走下舷梯，周恩來
分別介紹說。

「歡迎馬歇爾將軍來延安！」毛澤東說。

「感謝毛澤東先生的盛意！」馬歇爾說。

毛澤東與馬歇爾的手握在了一起，握得很緊。在這一瞬
間，馬歇爾迅速地打量了一番這位共產黨的最高領導人：穿著
呢料制服，很新，顯然是剛剛穿上的，戴著一頂舊的解放帽，
給人留下最深刻印象的是他的頭髮。一般人的頭髮都很短，包
括周恩來。唯獨毛澤東的頭髮很長，加上他長得秀氣，猛然看
上去，像是一位女子。關於毛澤東，他知道得不少，帶有傳奇
色彩。他知道毛澤東是一位農民的兒子，在自己的家鄉秋收暴
動後上了江西的井岡山，從此開始了與蔣介石爭奪天下的鬥爭。

那時毛澤東的力量無疑是非常弱小的，被蔣介石攆出了江
西。但是令人驚奇的是，他帶領他的隊伍跋山涉水，突破蔣介
石軍隊的圍剿，硬是在陝北扎下了根。在陝北那塊貧瘠的土地
上，他不僅領導他的軍隊抗擊著日寇的入侵，而且還壯大了自
己的力量。現在，他的隊伍可以與蔣介石的軍隊抗衡。

毛澤東也在觀察著馬歇爾。赫爾利給毛澤東的印象很糟

糕，被視為不受中共歡迎的人物。馬歇爾又會是一位什麼樣的人物呢？他細細地觀察著。嗬，這就是二次大戰期間大出風頭的「戰爭英雄」，胸前掛滿了各色各樣的軍功章和勛章，既有軍人的英武，又有外交家的風度。給毛澤東的第一印象還不錯，證實了周恩來向他說過的話：馬歇爾是個誠實的人。但是，毛澤東思考問題有他自己獨特的方法和思路，不管怎麼說，馬歇爾是位美國人，他來中國才多久，他能真正了解中國，真正了解國民黨和共產黨嗎？他在進行調處時能不受美國政府對華政策的影響嗎？如果不能，那麼，他就解決不了中國的問題。中國的事最終還是得中國人自己去解決。

周恩來還介紹馬歇爾認識了朱德、劉少奇、任弼時、彭德懷、林伯渠等人，這些都是他聽說過而沒見過的中共高級領導人。最初見面的印象，他感到這是中華民族的一批優秀分子，蔣介石看來是沒有辦法把這些人領導的軍隊給消滅的。

毛澤東以一方主人的身分頻頻和來賓們握手，當他走到張治中面前時，顯得特別熱情，緊緊地握住張治中的手說：「文白先生，我們可是老朋友了！」

「您好嗎？」張治中也報以熱情的問候。

「還好！停戰令早已下達，不用再為打仗之事操心了。」毛澤東笑笑。

張治中也笑笑，其中的含意恐怕不只是禮貌和友好。

「堅決擁護政協決議！」

「堅持執行整軍方案！」

73

「熱烈歡迎三人小組！」

機場上響起了熱烈的口號聲。

延安衛戍司令部的儀隊，已經整齊排列，持槍肅立。緊接著的是手持紅纓槍的自衛隊和機關、學校的隊列。

當馬歇爾、張治中和周恩來走過來時，從儀隊裡走出一個佩戴少校軍銜的人，這是儀隊隊長羅少偉。他跑到馬歇爾面前，立正行了一個標準的軍禮，大聲報告說：「延安衛戍司令部儀隊歡迎馬歇爾將軍！請將軍檢閱！」

身著軍裝的馬歇爾，緩緩地舉起右手，向羅少偉還了一個軍禮，說：「謝謝！」

檢閱完儀仗隊，應毛澤東和朱德之邀，馬歇爾一行乘車向王家坪八路軍總部馳去。

一路上，盡是歡迎隊伍高喊著口號。

「歡迎馬歇爾將軍！」

「歡迎張治中將軍！」

「歡迎周恩來將軍！」

晚上，毛澤東主席為遠方來的客人舉行了盛大的宴會。宴會廳就是中共中央招待室。平時很少在那裡接待客人，倒是中央領導同志經常在這裡開會。

主持宴會的主人和賓客大概都很忙碌，一直到宴會開始時才進入會場。

毛澤東進入主席臺，端起一杯酒，舉在半空，人們都不由

得站立起來。

馬歇爾看到毛澤東那個架式，不禁暗自感到可樂，那樣子，真像部落的酋長帶領他的部落在搞一場祭祀。他不禁把毛澤東和周恩來比較一番，周恩來在這種場合下就顯得自如瀟灑得多了。

「我代表中國共產黨中央委員會，」毛澤東操著濃厚的湖南口音大聲說，「向軍事三人小組的馬歇爾將軍、張治中部長、周恩來同志，向軍事調處執行部的全體同仁致敬！祝杜魯門總統、馬歇爾將軍及美國人民健康！現在我提議，為和平使者馬歇爾將軍，為中國和平、民主、團結、統一事業的偉大成就，乾杯！」

馬歇爾被主人的熱情所感染，非常激動地舉起杯說：「我非常感謝這裡的主人，感謝毛澤東先生及中共各位領袖的熱情歡迎和盛情招待，請為中國人民乾杯！」

宴會，始終在熱烈、友好的氣氛中進行。

宴會完後，歡迎軍事三人小組和軍調部三委員的歌詠晚會開始了。

歌詠晚會在中共中央禮堂舉行。禮堂與宴會廳是相連的，一條十來公尺長的通道就把客人引到了禮堂。

晚會的主持人是中共中央辦公廳主任楊尚昆，他做了個讓大家安靜的手勢後，大聲宣布道：「延安市各界歡迎馬歇爾、張治中、周恩來三將軍和北平軍調部三委員的晚會，現在開始。首先，請朱德總司令致歡迎詞。」

在一片掌聲中，朱德走上臺，向全場敬了一個軍禮，又戴上眼鏡，然後從容不迫地說：「朋友們、同志們：馬歇爾將軍、張治中部長、周恩來同志和其他朋友們今天到延安來，我代表中共中央表示熱烈地歡迎！」

接下來，朱德盛讚了馬歇爾來中國進行調停工作所取得的令人矚目的成績。場上不時爆發出一陣熱烈的掌聲。看見會場上眾多熱情、友好的眼光射向自己，馬歇爾知道朱德的話得到了在場人士的認同，知道自己在延安是一位真正受歡迎的人。他曾從文件中，從朋友的交談中，知道赫爾利在延安留下了壞名聲，所以這次他特別注意共產黨領導人及其領導下的人民對他到來的反應。看來不壞，他臉上露出了幾分欣喜之色。

「不可否認的，」朱德接著說，「在中國和平、民主、統一建設的事業上，還有許多障礙，許多困難。這些障礙、困難，使停戰協定至今在有些地方還沒有實現。政協決議所遇到的困難更多。因此，中外輿論預料整軍方案的實現，一定更不容易一帆風順，但是我們對於中國的前途始終是樂觀的，我們相信國共兩黨的團結，各民主黨派的團結，全國人民的團結，加上中美的團結，美、蘇、英、中各大國的團結，一定能夠戰勝一切困難障礙，中國一定能夠實現和平民主，中國一定能夠建設成為一個獨立自由富強的國家，中國一定能夠與美國、蘇聯、英國和其他友邦親密地團結，鞏固遠東的和平與世界的和平。」

在朱德致歡迎詞的時候，馬歇爾一直在注視著這位中國紅軍之父，這也是一位傳奇式的人物。他中等微胖的身材，樸實

得像個農民，即使穿上將軍服，也顯不出威武凜然之氣。馬歇爾怎麼也想像不出這樣一位憨厚模樣的人能夠指揮千軍萬馬。可是看看他走過的路，他又的確是一位身經百戰的將軍，他早年是四川軍閥中的一位旅長，後來是國民黨軍隊中的一位軍長，就是他，和周恩來一起領導了震驚中外的南昌暴動，從此創立了中國紅軍。以後他就一直是中國紅軍的主要領導人。

朱德講完話之後，馬歇爾上臺致答謝詞。他也是先向全場聽眾行了個軍禮，然後才說：「毛主席、各位朋友們：

在聽了朱總司令演說以後，我就沒有多少話可說了，幫助中國停止內部衝突，實現和平，恢復與重建交通，遣送在華日軍回國，以至開始整編全中國軍隊，這是我的願望與努力方向。

朱總司令談到關於中國和平民主事業與實行軍隊整編方案的困難，如果我們考慮到中國幅員的廣大，交通的不便與過去18年的中國內部的對立，那麼這種困難是不足為奇的。可是最令人驚奇的是在最近短短的時期內達到停戰的狀態，這種奇蹟意味著諒解和好意。它是一個最重要的因素。現在我和張治中、周恩來將軍到各地視察，就是為了找出困難的原因和解決困難的辦法。」

馬歇爾說到這裡，停了停，目光向臺下迅速地掃了一番，發現中共領導人都在認真地聽著他的講話。

「我們每到一處，」馬歇爾繼續說，「都獲得保證和平、恢復交通，讓人民自由來往和生活的許諾。我今天從毛主席那裡再次得到保證，他說，中共將用一切力量加速使各地情況恢

復常態，周恩來將軍已向我這樣保證過。我感覺現在我們有把握前進一步，這一步就是整編全中國軍隊，這一步實現就可以使中國人民減輕負擔，大批士兵恢復正常生活，中國內部各種問題盡可能在議會中熱烈辯論而不訴諸武力，這樣就可重建中國，獲得全球的尊敬。」

馬歇爾的結束語是一片真誠的謝意：「我這次有機會到延安，會見和認識中共的各位領袖，深感榮幸。對你們的誠懇和友好招待，特表衷心的感謝！」

場上的人聽出這句話是真誠的，因此也報以真誠的掌聲。

接下來是張治中講話了。

對於張治中，延安人是熟悉的。因此，張治中演講的一開頭充滿了親切的氣氛：「毛主席、各位朋友們：兄弟此次來延安，已是第三次了……」

接下來張治中回顧了他前兩次來延安的經過和感受。在場的人也不由想起他半年前一個並不恰當但又風趣的比喻。那是他送從重慶談判回來的毛澤東，在延安歡迎毛澤東勝利歸來的大會上，張治中發表了一個熱情洋溢的講話，他說，中國共產黨和國民黨現在是好像一對戀人在鬧矛盾，儘管有時候鬧得很凶，但終究會重歸於好的。然而，半年時間過去了，這對戀人非但沒有和好，反而變本加厲，以兵戎相見了，不知此時這位部長先生又作何種感想。

毛澤東對張治中的印象似乎很不錯，自從重慶談判住在張治中家一個多月，回來時他又特地送毛澤東回延安，毛澤東基

本上了解了張治中，他是一個直率的人，不過，他看問題還是不敢面對現實，共產黨和國民黨怎麼可能會是一對戀人呢？只要是蔣介石掌權，毛澤東就不會看上國民黨，反過來，蔣介石也不會看上毛澤東。不過，毛澤東絕對不會說這話，因為這樣就意味著戰爭的不可避免，意味著好戰，不要和平，毛澤東絕不做這等傻事。

「今天，我以政府代表的資格，向延安各位朋友鄭重地保證，我們所簽訂的幾個協定，可以說是促進國內和平、民主、團結和統一的幾個偉大文件，政府當不折不扣地百分之百地付諸實施，貫徹到底！」

臺下是一片熱烈的掌聲，毛澤東也在拍手，但他心中卻在問：你能代表政府嗎？你的那個委員長能像你說的那樣去做嗎？他除了「不折不扣地百分之百地」反共外，什麼事情也沒有「不折不扣」過。

張治中在結束他的演講時，尤其充滿激情和富有鼓動性：

「黑暗已經過去，光明已經到來；破壞已經過去，建設已經到來。今天，我從延安街上看到『和平民主團結統一的新中國萬歲』的口號，讓我們高呼這個口號吧！」

張治中的講話完了之後，一臺具有濃烈陝北風情的歌舞節目便開始了。

心事重重歸國行

　　到過重慶的人再去延安，誰都能強烈地感受到，延安的天空比起重慶來，要明媚晴朗得多。單說重慶滿天的迷霧就讓人受不了，似乎給人永遠生活在暗無天日的環境中的感覺。而延安則不同，平日裡總是陽光燦爛，晴空萬里，讓人舒暢得很，雖說偶有強烈的西北風颳過來，但延安人像高原上的白楊樹一樣，能夠頂住，他們有著頑強的生命力。

　　今天的日子又是一個晴朗的日子，而且沒有風。人們都知道「和平使者」今天要離開延安了，所以都起得很早，穿戴得乾乾淨淨就向城東的飛機場奔去，既然熱情地將客人迎來了，也應該熱情地送客人回去。

　　機場上的布置和第一天下午的布置差不多，只是把標語上的「歡迎」改成了「歡送」。跑道上，依次停著兩架飛機。持槍的戰士，警惕地守衛在飛機旁。

　　在一陣口號聲中，一排汽車緩緩通過彩門，向機場駛來，車前插的中美兩國國旗迎風招展。毛澤東和馬歇爾從前一輛車上跳下來，記者們「呼」地一下圍過去，有的搶著拍照，有的想利用這最後的時刻再提幾個問題。

　　但是「和平使者」還要趕著去武漢，匆匆地上了飛機，唯一值得記者們報導的是張治中和毛澤東的一段對話。

　　張治中在舷梯邊握著毛澤東的手說：「你們將來寫歷史的時候，不要忘記『張治中三到延安』這一筆。」

毛澤東笑著說：「將來也許還要回到延安，怎麼只說『三到』呢？」

　　張治中說：「和平實現了，政府改組了，中共中央就應該搬到南京去，您也應該住到南京去，延安這地方，不會再有第四次來的機會了。」

　　毛澤東很愉快地說：「是的，我們將來當然要到南京去。不過聽說南京熱得很，我怕熱，希望常住在延安，開會就到南京。」

　　「毛先生，您願意什麼時候去南京呢？」一位記者搶到一個新聞熱點。

　　這問題很難回答，毛澤東腦子一轉，說：「蔣主席什麼時候要我去，我就去，像去年到重慶一樣。」

　　馬歇爾登上舷梯前，握著毛澤東的手說：「謝謝您和中央領袖的熱情款待，我在延安過得很愉快！」

　　「您過得愉快，我很高興。」毛澤東說。

　　「我更高興能見到您，交流我們的看法，增進彼此間的了解。」馬歇爾說。

　　飛機已經發動了，馬歇爾走上了飛機，站在機艙口向歡送的人們招手。

　　毛澤東衝著馬歇爾又大聲說了一句：「再說一句，一切協定一定保證徹底實施！」

　　飛機螺旋槳的聲音很大，馬歇爾或許沒有聽見，但他能猜

到毛澤東在說什麼，對著毛澤東頻頻揮手。

飛機升空了，那是一架正在致力於和平的橄欖綠飛機。

「和平使者」的辛勤奔波，似乎是有了一些成果，華北、中原各地的衝突逐漸緩和、平息。但是在東北，國民黨以「接收主權」為名，正在向中共的解放區進攻。東北已經成了一個火藥桶。

誰都知道東北的重要，也正因為如此，國共兩黨都要「接收」東北的主權。

馬歇爾在視察了山東、華北、中原各地之後，還來不及為自己的調停成果自我陶醉一番，東北戰火紛起，燒得他坐立不安。

馬歇爾找來羅伯遜，直言說：「羅伯遜先生，有跡象表明，東北的形勢很嚴峻。弄不好，可能失去控制。」

羅伯遜一副憂慮重重的樣子：「蔣委員長沒有力量占領東北，甚至連華北、中原，他也不能保證能控制住，共產黨當然就會去占領，但是蔣委員長不肯給，怎麼會不打起來呢？」

馬歇爾說：「東北事實上已被共軍占領，如果謀求國共爭端的政治解決，對蔣委員長是不利的，也違背了我們美國政府支持國民政府的對華政策。」

但是馬歇爾陷於矛盾之中，就他個人來說，是希望東北的衝突能夠以和平手段解決最好，如果東北打起來，他的「和平使者」的美名就會變得黯然失色了，或許還會有人斥責他無能，這種心情，他毫不遮掩地對杜魯門總統說了：「對我來說，這是很

清楚的：過去幾個月在中國取得的成就的保持，在很大程度上取決於早日控制惡化的東北形勢。」但是他知道政府是不太可能同意用調停的辦法來解決東北國共爭端的，因為那就意味著承認中共在東北的占領，那樣不僅對蔣介石政府是一個損害，對美國的在華利益也是一個損害。

中國共產黨方面看來看清了馬歇爾的矛盾心理，周恩來曾對他說：「關於貫徹停戰令的問題，如果您不僅在中國關內，而且在關外也繼續這方面的努力，這是非常合適的。毛主席希望公布這一點。」

2 月 15 日，中共中央發言人在談關於東北問題的主張時說：「東北人民在中國共產黨的領導下，已組成一支人數近 30 萬的東北民主聯軍，分布於蘇軍所未駐防或已撤退的東滿、南滿、西滿、北滿各地。此外，還有各地的保安隊與警察協力肅清敵偽殘餘，維護地方秩序。敵偽消滅以後，各地人民又根據地方自治的原則，推選各方公正人士，成立了各縣民主政權，負責地方行政。」

中共發言人的這番話很明確，東北的主權已經在人民手中，各地民選政府也已經產生，人民安居樂業，政府就用不著派軍隊去「接收」主權了。

但是為了表示中共與政府合作的誠意，中共發言人提出了解決東北問題的四項基本原則：

一、現在國民政府接收東北的機構是國民黨一黨包辦的，不合於東北和全國的民意。因此，從行營及其政治委員會、經

濟委員會到各省政府都應該改組，盡量吸收東北民主人士與國內各黨派及無黨派人士參加，使一切民主分子享有公平有效的代表權。

二、對於東北現有抗日民主部隊，應予以承認並整編，使與國民政府派去的部隊共維地方治安，消滅偽軍、土匪，避免軍事衝突。

三、對於東北各縣民主自治政府應予承認。如認為他的基礎尚有不夠廣泛之處，亦應採取協商改組辦法或另行選舉；不應不予承認或堅持委派的不民主辦法，而反對人民的民主辦法。

四、現在中蘇友好國共停戰，全國要求裁兵復員，東北治安又有地方部隊協力維持，故國民政府為恢復主權而開入東北的軍隊應限制在一定數量之內，以減輕人民負擔，以利和平。至於改編東北偽軍及利用華北偽軍去接收東北主權，則應予以禁止。

國民黨對中共發言人對東北問題的談話置若罔聞，蔣介石發誓說：「東北的主權是一定要接收的。八年抗戰，東北被日本人糟蹋得不成樣子，抗戰勝利了，東北主權要收歸政府。」於是，國民黨精銳部隊新六軍、新一軍以及五十三軍、十三軍盡全力向中共軍隊的占領區進攻。

2月18日，周恩來向馬歇爾提出：「共產黨希望派遣執行小組進入滿洲解決爭執問題。」

馬歇爾將周恩來提出的要求告訴了張治中，張治中及時地把中共的意見報告了蔣介石。

蔣介石冷笑道：「文白，你的意見呢？」

張治中說：「按照停戰協定，東北當然也是應該派的，凡是有國共衝突的地方都應該派出執行小組。」

蔣介石一揮手說：「文白，你知道嗎？東北根本就沒有共產黨，也沒有中共的軍隊。」

「沒有中共軍隊？這不可能！」張治中一時沒有明白蔣介石的用意。

「對，沒有！」蔣介石繼續說：「那裡的主權還沒有人接收，我們派兵進駐東北，就是為了接收主權。如果說有衝突，那是國軍與當地的土匪發生的衝突。用不著派執行小組調停。」

張治中這時才明白了蔣介石的意思。不過，他心裡想，事情不會那樣簡單，那麼多中共軍隊活躍在東北各地，你能硬說他們都是土匪？一旦謊言被戳穿，那就更被動了。不過，對於蔣介石已經決定了的事情，他還能再說些什麼呢？

馬歇爾對蔣介石拒絕派執行小組去東北表示失望，對拒絕派出的理由更感到憤怒和不理解。而就在這時，他收到杜魯門總統的電報，要他在 3 月 11 日返回華盛頓匯報調停情況。

馬歇爾感到情況有些不妙了。他知道，如果在他離華期間，東北發生大規模的衝突，那他的調停就意味著全面失敗，而這完全是有可能的。目前，國軍在東北的進攻並沒有取得大的進展，這就造成了兩種可能：一是蔣介石投入更大的兵力，衝突加劇；一是在軍事上無進展的情況下，尋求政治解決。馬歇爾決定在返回華盛頓之前，親自與蔣介石談一次，爭取後一

種結果。

「蔣委員長，」馬歇爾一進蔣介石的官邸，顧不得寒暄，直接便說了自己的來意，「我希望您能同意派執行小組去滿洲。就目前情況看，那裡的衝突正在升級，而這與華北、山東、華中等地和平的氣氛是多麼不協調。」

蔣介石已經得到了來自東北的情況，知道國軍收穫不大，因此，想爭取一段時間。此時，蔣介石順水推舟說：「將軍如果認為有必要派執行小組去滿洲，我是沒有意見的。」

馬歇爾為如此順利地達到目的感到意外，幾乎不敢相信這是真的。

「不過，」蔣介石接著說：「我有五個小小的要求，希望執行小組能答應。」

馬歇爾最怕的就是中國人說話帶「不過」兩個字，因為這意味著他完全或在相當程度上不贊成你這樣做或這樣說。但也還是硬著頭皮說：「委員長，你說五個什麼要求？」

「第一，」蔣介石說，「小組之任務僅限於軍事問題；第二，小組應伴隨政府部隊，避免出入蘇軍占領地；第三，小組前往衝突地點或國共軍隊密接地點，使其停止衝突並作調處時應訪問中國共產黨領導的軍隊的指揮官及司令部；第四，國民黨軍授權在東北重建主權。在中東鐵路和南滿鐵路兩側 30 公里的狹長地帶，實行單純管轄；第五，中國共產黨領導的軍隊應撤離國民黨軍為重建主權而必須占領的地區，包括煤礦。中國共產黨領導的軍隊不可以開進蘇軍撤離地區，實行占領。」

馬歇爾將軍暗暗叫苦，按照蔣介石這幾個「小小的要求」，整個滿洲都歸了國民黨軍隊了，共產黨能答應嗎？

　　3月11日，也就是在他返美的這一天，他召集張治中、周恩來就蔣介石提出的五項條件進行了商談。

　　「張將軍，周將軍，」馬歇爾說，「今晚我就要啟程回華盛頓述職了，我希望在我走之前，能就滿洲軍事衝突一事作進一步的商談，並尋得一個解決辦法。」

　　周恩來和張治中都注視著馬歇爾，似乎想先聽聽他的意見。

　　「蔣委員長的五條建議已經發給你們二位了，希望你們談談想法。」馬歇爾卻叫周、張兩人先說。

　　周恩來很坦率地說：「蔣委員長的五條建議我們進行了認真的研究，並報告了延安。我們同意前三條建議，後兩條我們不能接受。」

　　張治中說：「中共方面應該全部答應委員長提出的五點建議。因為根據《中蘇友好條約》，滿洲的主權，蘇軍應該在撤退後交給政府軍接管。中共方面是沒有權力接收的。」

　　周恩來反駁說：「我們並沒有違背《中蘇友好條約》的精神。我們收復的是蘇軍沒有占領的廣大農村和邊遠小鎮，即使有一些是中小城市，那也是因為蘇軍撤出後，並未見國軍來接收，因此為中共軍隊所接管。」

　　馬歇爾苦笑著說：「張將軍，周將軍，你們之間可不可以達成一個互相都能接受的協議，停止滿洲的衝突，好讓我以愉快

的心情走上赴美的飛機呢？」

「我很願意這樣做，」張治中說，「蔣主席已經表態了，同意派執行小組去滿洲進行調查，如果中共從中阻撓，那就非常遺憾了。」

「派執行小組去滿洲，是中共方面提出來的，我們怎麼可能阻撓呢？」周恩來說，「如果說阻撓，那是國方在阻撓，提出那麼多附加條件，不是等於不同意派小組去調查嘛！」

馬歇爾擺擺手說：「好啦！好啦！看來我只能帶著沉重和遺憾的心情走上飛機了。在我回國述職期間，我請吉倫中將代替我作為三人軍事小組美國方面的代表，希望你們能和他合作得愉快。」

馬歇爾心事重重地離開了重慶，他知道滿洲的問題是調處中一個最棘手的問題，如果國共兩黨都不相讓，下一次他回來，就可能聽到滿洲隆隆的炮聲。

奪東北再燃烽火

馬歇爾離華後，吉倫中將召集三人軍事小組繼續就派執行小組去東北進行商談。

周恩來提出了兩項建議：一、三人小組前往蘇軍已撤離的瀋陽，與當地的中國共產黨指揮官進行協商，尋求解決辦法；二、三人小組等待他從延安接到進一步的指示。

「這兩項建議，政府方面可以任選一個。」周恩來解釋說。

「這不行。共產黨的軍隊必須撤出瀋陽，執行小組也必須趕快派出，以阻擋共產黨軍隊對政府軍的進攻。」張治中拒絕進行選擇。他已經得到消息，共產黨在東北迅速占領了蘇軍撤出的占領區，如果執行小組再不去阻止，整個東北就可能落在中共的手裡，因為國軍的主力還沒有大批到達。

為打破僵局，吉倫提出了一個修正案，主要內容是：准許國民政府占領鐵路線及鐵路兩側的 30 公里狹長地帶；禁止共產黨方面占領蘇軍撤離的地方。

「不行。」張治中表態說，「中共占領區必須交由政府軍統一管理。滿洲的鐵路交通也完全應該由政府來控制，不能有任何限制政府的條約。」

「文白將軍真是得寸進尺啊！」周恩來說，「不僅不讓中共軍隊接收蘇軍撤出的城市，還讓中共交出解放區，這也太過分了吧！」

張治中說：「主權應該由政府的軍隊來收復，絕不可誰先占就算誰的。中共總不能無視政府吧？」

周恩來說：「在抗戰期間，政府怎麼就無視抗日的中共軍隊呢？政府從不曾給他們槍支彈藥衣服食品方面的幫助。現在，又要從這些抗戰英雄手裡奪回他們用鮮血和生命換來的主權，他們當然不會答應。」

經過一番激烈的爭論，雙方達成了七條協議：

一、執行小組將根據執行部的指令執行其使命；

二、執行小組應在政府軍隊及中共軍隊所駐紮地區建立，避免進入仍為蘇軍占領的地區。

三、小組應前往中共軍隊與政府軍隊衝突或密切接觸的地點，執行停戰並作必要的再調整。

四、在接收滿洲主權時，政府有權調動軍隊，進入蘇軍按時撤出的地區，即：瀋陽到長春之間的鐵路線，以及位於鐵路線兩側 30 公里以內的地區。

五、如果政府軍隊需要進入中共軍隊目前控制的地區，須經過執行小組的討論，如不能達成協議，應由較高的機構解決。

六、將來在東北的一切軍隊將根據整軍計畫予以配置。

七、政府保證按照政協解決的途徑，立即與中國共產黨討論有關滿洲的政治問題。在政治問題解決之前，作為一項臨時的辦法，政府將維持地方民選政府的現狀，不得予以任何妨礙和干涉。

但是當張治中將這個協定報告給蔣介石時，蔣介石仍然不滿意：「文白，我對你說過，不能遷就共產黨，他們是貪得無厭的。我們是政府，不能允許中共憑藉武力來搞地方割據。你再回去和周恩來談談，讓他絕對地服從政府，將來在聯合政府中還是有他的一席之地的嘛！」

　　張治中沒有辦法，只好回來將實情告訴了周恩來。

　　周恩來笑說：「如果這個協議還不能讓委員長滿意，我只好回延安請示了毛主席再來答覆你了。」

　　「要多長時間？」張治中問。

　　「不好說呀！盡快吧！」周恩來答應著。

　　實際上，這是周恩來採取的以退為進的談判戰術。因為就當時的形勢看，對中國共產黨是有利的。

　　在輿論方面，幾乎都主張東北的國共爭端應和平解決，而且這種呼聲越來越強烈，國民黨政府不敢在這種氣氛中發動對解放區的進攻。

　　在軍事方面，中國共產黨領導的軍隊這時已發展到 40 萬人之多，而且隨著蘇軍的迅速北撤，中共軍隊控制了東北百分之九十以上的地區，而且武器裝備大為改善。

　　在這樣的情形下，蔣介石一定迫切希望盡快解決東北問題，因為拖的時間越長，中共在東北站立得越穩，國民黨軍隊就越插不進去。

　　果然，周恩來回到延安剛三天，蔣介石就派飛機來延安接他回重慶，說政府答應做出某些讓步。

　　3月27日，三人軍事小組張治中、周恩來、吉倫簽署了「調處東北停戰的協定。」其內容共三條：

　　由精選人員所組成的執行小組，應立即派往東北，執行下列諸指示：

　　一、小組之任務，僅限於軍事調處工作。

　　二、小組應在政府軍以及中共軍隊地區工作，並避免進入仍屬蘇軍駐留的地區。

　　三、小組應前往衝突地點或政府軍與中共軍密接地點，使其停止衝突，並作必要及公平的調處。

　　東北停戰協定總算簽字了。飽經戰亂的東北人民長長地舒一口氣，和平終於來了，終於可以享受沒有硝煙氣味的明媚的陽光了。

　　然而，老百姓高興了才四天，戰火又燃燒了起來。

　　3月22日，國民黨軍攻占鐵嶺。

　　3月31日，國民黨軍向東北民主聯軍所控制的營口、鞍山、本溪、四平街發動進攻。

　　4月1日，蔣介石在國民參政會上發布他的「內戰宣言書」：

　　「東北九省在主權的接收沒有完成以前，沒有什麼內政問題可言。」

　　「軍事衝突的調處，只在不影響政府接收主權、實施國家行政權力的前提下進行。東北主權的一切非法政權，更不是國民政府所能承認的。」

蔣介石對他不滿意的政協決議，也在下戰書的同時給撕毀了：「政治協商會議在本質上不是制憲會議，政協會議關於政府組織的協議案，在本質上更不能代替約法。」

晚上，蔣介石還特地宴請了幾位親信，想聽聽他們對自己在國民參政會上講話的反應。

谷正綱是一個極端反共分子，他似乎最為蔣介石的話所鼓舞：「蔣主席的演說真是太有力量了，對付中共就得毫不客氣。」

「政府擁有優勢的海、陸、空軍，還有幾倍於共產黨占領區的人口、土地，再加上有美國政府的支持，共產黨能成什麼氣候！」張治中也附和著說。

「關鍵是我們黨內要精誠團結，絕不可討好中共，更不能向他們屈服。」以黨務起家的陳立夫說。顯然他是有所指的。

「是啊，張部長居然說要『百分之百』地執行政協決議，還不是向中共屈服嗎！」谷正綱又說道。

「這不能怪文白，」蔣介石擺擺手，「他有他的難處，場面上的話，該說的還是要說。」

「就目前的國際形勢看，對我們還是有利的。」張群說，「美、英兩個大國最近分別發表聲明和文章，反對蘇聯及其集團的共產主義擴張。這樣一來，美、英兩國自然會無條件地支持我們與共產黨作戰。這的確是一個大好的時機。」

蔣介石得意地說：「我早就看出這一點，所以才在今天的報告裡說那樣一番話。大家不要再徬徨，為了國民政府的尊嚴，

為了黨國的事業，我們就要和共產黨鬥到底。」

蔣介石的「內戰宣言書」一發表，東北這個火藥桶就炸開了。

4月2日，為執行東北停戰協議而前往瀋陽的中共方面人員耿飈、張經武、許光達等四十餘人被國民黨瀋陽警備司令部非法扣留三小時，藉口是耿飈一行人未帶軍調部護照。

在東北，國民黨軍隊侵占東北解放區的海城、鞍山。

在延安，國民黨戰鬥機八架臨空示威。冀南解放區有飛機飛臨散發反共傳單。

4月3日，北平國民黨當局派出大批軍、警、憲兵及特務便衣，包圍搜查八路軍副參謀長、軍調部葉劍英委員的軍事顧問滕代遠公館，並逮捕中共人員李耕濤、劉鴻達、李新等5人，後經抗議始釋放。同時包圍搜查北平新華社、解放報社，並逮捕解放報總編輯錢俊瑞、新華社記者楊賡等39人。

4月6日，蔣介石接連向東北行營主任熊式輝發出三封急信，命令國民黨軍向東北民主聯軍進入決定性的進攻。

4月9日，蔣介石接見美國記者邁爾斯·沃爾，把他在東北向共產黨進攻與國際上美、英反對蘇聯聯繫在一起，企圖爭取美國更多的援助。

沃爾問：「您認為中國共產黨與蘇聯共產黨有什麼不同嗎？」

蔣介石不加思索地說：「沒有。以前謝偉思等人硬說中共與蘇共不同。這種說法是極其錯誤的。從根本上說，中共與蘇共

沒有什麼不同。中國共產黨的目標是使全中國蘇維埃化。中國
共產黨在滿洲的出現是以蘇聯為後臺的,他們的某些行動可能
是由莫斯科操縱的。」

　　沃爾問:「您認為美國應該為您做點什麼呢?」

　　蔣介石說:「很簡單,一是在國際上採取更堅定的立場反對
蘇聯的挑釁,一是在對華政策上採取更果斷的措施給予中國政
府更多的援助,以肅清國內的共產主義分子。」

難以收拾的局面

　　4 月 18 日，一架飛機從華盛頓起飛，機上坐著美國總統特使馬歇爾及其夫人。本來馬歇爾希望在利斯堡的一幢鄉村別墅裡住上一些日子，哪怕幾天也好，享受一下鄉村的恬靜、閒適。但是中國東北的軍事衝突破壞了他的好情緒，他待不住了，他決定立即趕回中國，制止這場逐漸升級的軍事衝突。

　　賢慧的夫人很溫柔地靠在他身邊，但是他腦子裡亂得很，他盡力在回憶自己回美國述職的這一個月裡自己做了些什麼，甚至在想如果不在這個時候回國是不是更好些？

　　他記得自己在回到華盛頓後的第三天，就在國務院舉行了一個記者招待會。當時有記者問：「馬歇爾將軍，您認為中國的內戰可以制止嗎？」

　　自己是怎麼說的，哦，是這樣：「當然可以，在我離開中國返回華盛頓時，各地的衝突基本上都停止了。」

　　可是現在，戰火居然又燒起來了，真糟糕，人家會怎麼看自己，認為自己是一個說大話的人，說自己好大喜功？

　　想到這裡，馬歇爾就感到非常的傷心。在回華盛頓的這些日子裡，他一直在與總統及國務卿、進口銀行行長、副國務卿及助理國務卿克萊頓先生會談，為的是爭取政府對中國更多的援助。

　　由於當時中國的衝突確實基本停止，加上馬歇爾的奔走，政府決定給中國 5 億美元的貸款，以幫助中國的戰後恢復和經

濟建設。但是就在這時，從中國傳來消息，中國的東北燃起了熊熊戰火，國共兩黨的軍隊為爭奪東北，正在鏖戰。猶如晴天霹靂，驚得馬歇爾目瞪口呆，也讓他處境艱難至極。財政部的 5 億美元貸款不給了，各種不利的輿論也衝他壓來。

而就在這時，羅伯遜拍來了加急電報：「形勢極為嚴重，而且正在迅速惡化，為防止您的使命遭受嚴重危害，務請立即返回中國。」

就像當年杜魯門總統請他「去中國跑一趟」一樣，馬歇爾決定立即啟程返回中國。

一些朋友勸阻他說：「將軍，您已經將談判引至成功的邊緣，如果在最後關頭，其中一個黨不履行協定，那不是您的錯。」

「將軍，如果此次前去，制止不了戰火，會影響您的形象的。」

但是，馬歇爾不是那種能接受失敗的人，就像打仗一樣，對手越強，他反倒越來勁，越加信心百倍地要戰勝對手。

4 月 19 日，馬歇爾的專機降落在古都北平。

一下飛機，吉倫就告訴他：「局面幾乎不可收拾！」

蔡文治說：「事實上，中共林彪已在哈爾濱建立民主聯軍，國軍杜聿明也已進入東北。」

葉劍英說：「最近幾天，美國飛機轟炸了駐在四平街的中共軍隊。」

馬歇爾一愣，美國軍隊也參戰了嗎？

吉倫看出了馬歇爾的不解，忙解釋說：「是國民政府所用的美國造飛機。」

第二天，馬歇爾飛往南京。蔣介石這時已回南京，住在紫金山下那幢中西合璧、舒適幽雅的官邸裡。

「歡迎你！歡迎你！」蔣介石和夫人宋美齡異常熱情地把馬歇爾夫婦迎進他的那間古色古香的客廳。

「中國有句古話叫『一日不見如隔三秋』，將軍走後，我們十分想念。」蔣介石今天穿了一身藏青色緞面的馬褂，顯得和往常一樣的平易和謙恭。

「謝謝委員長和夫人的關心。」馬歇爾禮貌地回了一句，然後話題一轉說：「委員長，我認為就滿洲目前的局勢看，滿洲也應該劃為停戰區，國共兩黨的軍隊應該立即停火。」

「可以，可以。」蔣介石滿口答應，「不過我還得求將軍答應我一件事。」

「什麼事？」馬歇爾問。

「你指示貴國的海軍將政府新一軍孫立人、新六軍廖耀湘的部隊運到東北，加強政府軍在東北的實力，免得中共軍隊倚仗武力，破壞停戰。」

「好。」馬歇爾滿口答應，在他看來，蔣介石的話有一定道理，如果國民黨的軍隊在東北與共軍勢均力敵，或者超過共軍，在談判桌上，就可以迫使共軍乖乖地保證停戰了。

蔣介石見自己的要求得到了滿足，很高興，捧出了老家奉化送來的陳年老窖請馬歇爾品嘗。

　　4 月 29 日，馬歇爾在重慶見到了周恩來。

　　這些天，周恩來正準備把他率領的中共代表團遷往南京，因此，房子裡顯得有些亂。

　　馬歇爾在來之前便一直在想，如何把蔣介石強硬的態度用自己委婉的語言傳遞給周恩來，但是他發現，自己畢竟是軍人，外交語言顯得貧乏。無可奈何，他只好將蔣介石的原話搬出來給周恩來：「蔣委員長說，必要時軍事上收復長春，然後方有和平之可言，屆時政府可考慮中共所提出的其他若干要求。」

　　周恩來的情緒看上去不如以往好，臉色陰沉，神情沮喪，似聽非聽地喝著自己的茶水。

　　「周將軍，你覺得如何呢？」馬歇爾見周恩來一臉嚴峻，心裡有幾分擔心。

　　「如不能無條件停戰則中共亦不能接受政府方面之意見。」周恩來斬釘截鐵地說。

　　馬歇爾大吃一驚，記得往日的周恩來總給人溫和的形象，說話也總是用協商的口吻，可今天，卻是那麼強硬。馬歇爾不知如何是好，他悻悻地回到了寓所。

　　他這時才清楚地意識到自己陷入了騎虎難下的境地。他立即給杜魯門總統發了一封電報，在電報中，第一次發出了低沉的調子：「我是在逆時而行，不然的話我是很有希望的。事實上，成功不是建立在談判的基礎上，而是建立在戰爭的發展

上。」

就在馬歇爾啟程返回中國的那一天，東北國共雙方交戰
正酣。

這一天，中共軍隊攻占了長春，全殲防守長春的姜鵬
飛部。

第二天，國民黨方面做出了強烈的反應。熊式輝在向美國
軍事官員及美國新聞處代表發表談話時說：「蘇聯軍事顧問參與
了對攻擊長春的部署，並用鐵路將共產黨的增援部隊從哈爾濱
運來。據前線戰報說，政府軍在共軍的陣地上，捕獲了與共軍
一起作戰的蘇聯軍人。」

熊式輝很懂得鬥爭的策略，他並不在長春失陷這件事上過
多地攻擊共產黨，而是把矛頭指向蘇聯。企圖給美國這樣一個
印象：蘇聯已經直接用武力來支持中共了。

蔣介石則採用以退為進的手腕來拉美國捲進中國的內戰，
他對馬歇爾說：「在滿洲的政府軍各個師都有被殲滅的危險，我
準備撤出在那裡的一部分軍隊，甚至撤出在滿洲的所有政府軍
隊，把滿洲問題提交給國際上解決。」

說完，他觀察著馬歇爾對他的這番話的反應。

馬歇爾知道蔣介石玩的是以退為進的把戲，這幾個月來一
直在要求美國幫助他把精銳部隊運往東北，他絕對不會主動撤
出滿洲的。哦，他這是在說給自己聽，在威脅美國政府，如果
美國再不給予強而有力的支持，美國的在華利益也將受到嚴重
損害。這個蔣介石，竟向美國政府耍賴了。看來，政府也和自

己一樣，處在一個騎虎難下的尷尬境地了。

馬歇爾在尋找著合適的詞句對蔣介石說，既要讓他完成政治解決滿洲問題，又要讓他感到美國政府不會坐視滿洲共軍的立場。他說：「仍然還有相當希望可以達成妥協，對政府來說，這樣要比一次可能的撤退有利得多。」

蔣介石見馬歇爾並沒有談幫助政府運輸部隊到東北的事，頓時有幾分不快，說：「將軍，與共軍談判是要以強大的軍事力量作後盾的。目前，共軍幾乎占領了整個東北，兵力有 40 萬之多，而政府軍在東北的人數才二十多萬。試想，共軍能坐視與你談判嗎？」

馬歇爾說：「我已經考慮了這點，我將通知美國海軍，立即將政府的兩個精銳軍運往滿洲。」

蔣介石見馬歇爾答應運兵，胃口又大了：「除第六十軍和第九十三軍外，美國海軍還應該再運送兩個軍往滿洲。」

馬歇爾擺擺手拒絕了：「委員長，目前這樣做是有困難的。而且容易讓共產黨方面抓住把柄。」

其實，馬歇爾有自己的考慮。他認為解決滿洲國共雙方的軍事衝突，最好的辦法還是協商解決的辦法。這樣，也不枉他幾個月來致力於調停的努力。而要協商解決滿洲問題，最有效的辦法就是讓國共在滿洲的軍事力量保持平衡。如果無限制地替蔣介石向滿洲運兵，就可能使蔣介石無心談判，而熱衷於武力解決滿洲問題。

蔣介石對馬歇爾不肯答應他的要求很不滿，他在當天的日

記寫道：「如果馬歇爾果有卓見，則應以客觀態度發現俄、共乃絕無誠意者；但馬歇爾非至絕境，絕不願放棄其妥協綏靖政策。」他還下令集中東北的兵力猛攻四平街。

馬歇爾惱怒了，他不能容忍蔣介石破壞他尋求政治解決東北問題的計畫，他毫不客氣地對蔣介石說：「蔣委員長，如果您執意要對共軍開戰，而不是與中共談判解決滿洲問題，那麼美國將停止運輸政府軍前往滿洲。」

「美國人真不夠朋友，」蔣介石在馬歇爾離開後對身邊的陳誠說，「動不動就以停運軍隊來威脅我。好吧，那我們就談吧！」

「怎麼談呢？」陳誠問。

「前提是東北民主聯軍必須撤出長春。然後我們可以討論下列問題：一、執行停戰令；二、按照整軍協議確定國共雙方兵力；三、由國民黨政府控制東北鐵路及鐵路兩側30公里地帶，以重建「主權」；四、進一步討論政治事務。蔣介石似乎已經思考了很久，有條不紊地把他的意見說了出來。

陳誠把蔣介石的意見告訴了三人軍事小組。周恩來沒等馬歇爾說話，就毫不客氣地說：「蔣委員長無疑是要我軍簽訂城下之盟，絲毫沒有談判的誠意。我們絕不能接受委員長提出的苛刻條件。」

馬歇爾大概也覺得蔣介石提的條件很難讓中共接受，沒有把蔣介石的意見交三人軍事小組討論，而是邀請了第三方的民盟出來參加調處。

調解東北長春戰爭座談會是在民盟主席張瀾家中進行。

馬歇爾在開場白中說：「今天找民盟領袖來，就是想請第三方幫助國共雙方停止滿洲的衝突。中國有句古話，叫做『以和為貴』。都是中國人嘛，我想是可以找到和平解決的辦法的。」

陳誠火氣衝得很，一開口便說：「政府軍開進滿洲是去接收主權。目前因軍事上的需要，政府軍在滿洲境內進行調動布防，任何人不得有阻礙交通的行為。如果萬一交通受阻，我相信政府軍是有能力掃清交通障礙的。」

周恩來臉色嚴峻，但語氣卻緩和地說：「陳將軍剛才那番話的意思，充滿了威脅的意味，似乎政府軍在滿洲應該是想怎樣就怎樣，誰如果說個『不』字，就用政府軍去『掃清』。如果真是這樣，那我們今天的談判還有什麼意義，都依了政府不就完了嗎？」

陳誠說：「周將軍，你能讓出長春嗎？」

周恩來對陳誠的無禮挑釁火冒三丈，正言說：「我倒可以讓出，就怕那裡的人民不同意！」

馬歇爾見國共雙方代表談話不投機，忙說：「我們今天主要是來聽聽民盟的意見。張老先生，您說說好嗎？」

張瀾抖了抖花白的鬍子，說：「依我們的意思，還是和為貴。中國抗戰已打了八年，如果國共再交戰，又要打多少年，老百姓還活不活？我這裡有一個不成熟的意見，請三人軍事小組考慮：共產黨軍隊退出長春，中央只派行政人員去和平接收長春，但不得派軍隊進入長春。在接收長春的同時，國民黨同

共產黨重開政治談判，依據政協決議和整軍方案的精神，解決東北問題。」

「這個方案政府不能接受。」陳誠當即表示，「政府軍應該進駐長春，還應進駐其他的地方，否則，政府行政人員進去之後，戰後的社會治安誰來維持？再說，政府軍是代表政府接管主權的，為什麼不能夠進去呢？」

周恩來表態說：「我同意民盟提出的方案，儘管我們退出長春要對我軍官兵們做許多說服工作，但為了顧全和平的大局，我們願意退出來。但我們希望接管這個城市的是第三方的人，政府軍不能趁中共軍隊退出長春之際，占領這個城市。」

陳誠堅持說：「政府軍必須進駐長春，共軍應該從長春撤出去，在這個前提下，我們一切都可以商量。」

中共方面當然不答應，於是，座談會弄得不歡而散。

馬歇爾是個做事百折不撓的人，他回到寓所後，草擬了一個休戰條件：

一、國民政府的軍事力量應該進入長春。

二、鐵路線不應被利用來運輸軍隊。

三、委任一位無黨派人士 —— 既非國民黨又非共產黨 —— 提任長春市市長。

他連夜打電話給了張君勱，把這個草案告訴了張君勱。

張君勱說：「關鍵是中共是否願意把長春交給政府軍。這得徵求周恩來的意見。」

馬歇爾說：「張先生，如果您把我的這個草案告訴給周將軍，恐怕比我跟他說效果好些。」

張君勱很爽快地答應了馬歇爾的要求。第二天，他把馬歇爾的建議告訴了周恩來。

周恩來先是表示不能接受，然後又說：「容我再考慮一下。」

下午，周恩來對張君勱說：「如果犧牲一個長春，能換來東北的和平，我們就讓了。」原來，周恩來回到辦事處後，將辦事處的幾位領導都找來商量了，大家議論一陣後認為，讓出長春也沒什麼了不起，東北百分之九十以上的地區都在共產黨手中，長春給了國民黨也不過是一座孤城，對中共解放區並無損害。

張君勱很高興地用電話通知了馬歇爾，告訴他：周恩來同意了他的建議。

連夜，馬歇爾便去找蔣介石。蔣介石說：「馬歇爾將軍，請您容我兩天後再答覆您。」

馬歇爾愣住了，他知道蔣介石從來都是一個人說了算的，難道今天還能去找誰徵求意見不成？

不是的，他是在等待著東北的消息，以便見機行事。

此時，東北正在進行著激烈的戰鬥。4月下旬，國民黨東北保安司令長官杜聿明回到了東北。2月中旬，他曾因腎結核離開東北前往北平就醫，3月作了手術，病癒後即回東北視察。杜聿明一回東北，馬上改變以前熊式輝、鄭洞國以爭城奪地為目

的的軍事行動，而積極地從消滅東北民主聯軍的主力去考慮他的策略戰術，重新布置了新的大規模進攻。當他的軍隊占領本溪後，杜聿明立即衝到報務室說：「快，給校長發報，就說我已攻克本溪，正追擊逃竄之共軍。」

蔣介石接到杜聿明的電報，欣喜若狂：「好，好！告訴馬歇爾將軍，共軍不從滿洲全部撤出，政府就不考慮坐下來與中共講和。」

當馬歇爾滿懷希望地把他的建議遞交給蔣介石時，馬歇爾還特地提醒蔣介石說：「目前政府與中共之間在東北的關係緊張得很，蔣委員長最好能快些就我的這幾點建議提出意見，遲誤將是危險的。」

蔣介石滿不在乎地把馬歇爾送來的建議丟在桌子上，反而勸馬歇爾說：「馬歇爾將軍，你不要去和中共代表討論這個建議，你幹嘛要費那麼大的力去擬一個讓共產黨不能接受的方案呢？你最好讓共產黨自己提出一個初步建議。」

馬歇爾頓時氣得臉色發白，這種毫無理由、目中無人的粗暴的拒絕方式深深地傷害了他的自尊心，他憤然地離開了蔣介石的官邸。

第二天他又來找周恩來，他對周恩來說：「解決東北問題的可能辦法，或許是：共產黨撤離長春，在長春設立軍調部的前進指揮所，國民黨政府的軍隊留駐他們目前的陣地，那時便開始就軍隊配置和政治問題進一步談判。」

顯然，這個建議只是馬歇爾向國民黨方面提出的建議的一

部分。

周恩來在聽了馬歇爾的建議後說：「我將把您的建議轉達給延安。」

然而，沒等到周恩來回話，第二天，也即 5 月 14 日，東北國民黨軍發動了對四平街的猛烈攻擊。

國民黨軍在杜聿明的指揮下，憑藉飛機和大砲的優勢配合，積極地向四平街逼近，看來很有希望戰勝由林彪指揮的東北民主聯軍的主力。杜聿明興高采烈地向蔣介石發來電報，揚言要在拿下四平街後立即攻占長春、永吉。蔣介石趕快叫來有「小諸葛」之稱的國民黨副參謀總長白崇禧，說：「杜聿明拿下四平街後，打算繼續進攻長春、永吉。健生，你看好嗎？」

白崇禧不知道蔣介石到底是何用意，模稜兩可地說：「如果能攻下來當然好。」

蔣介石說：「不行！馬歇爾將軍一臉的不高興，說我毀了他的調停，第三方也叫得很凶，如果繼續進攻長春，萬一短時期內攻不下去，我們就進退兩難了。停止進攻長春，也算是給馬歇爾和第三方一點面子，平息一下輿論，談判桌上好說話。另外，部隊可以借此機會進行整訓，萬一談判不成，再打也來得及。你說呢？」

「委員長說得有道理。」白崇禧說。

「那好，」蔣介石又說，「請你去瀋陽跑一趟，把我的這個決定告訴杜聿明。再看看下一步他們有什麼打算。」

「是！」白崇禧答應著。

白崇禧東北勞軍

　　瀋陽機場。杜聿明領著一大批國民黨的高級軍官在等候著白崇禧的到來。也許是剛剛攻下了四平街，軍官們都沉醉在勝利的喜悅之中，說說笑笑，顯得氣氛熱烈。唯有杜聿明心神不定，他不知道這時白崇禧來瀋陽到底是為什麼？是來嘉獎他？不會的，用不著親自來。是來督戰的？也不會，因為戰鬥一直進行得很順利。那麼是來叫他停止攻擊嗎？他腦子裡閃了一下這個念頭，但即刻便否定了。這怎麼可能呢？國軍並未受挫，怎麼會半途而廢呢？他想不出白崇禧是為什麼而來。

　　下午 3 點鐘左右，天空隱隱有「隆隆」的馬達聲，杜聿明等國民黨軍官翹首望著藍天，一架飛機由遠而近飛來了。一會兒，飛機滑進了機場的跑道。最終停了下來。地勤人員趕忙將舷梯靠了過去。

　　機艙門打開了，白崇禧身著戎裝，滿臉堆笑地從機艙內走了出來。

　　「白長官，歡迎你來。」當白崇禧走下舷梯時，杜聿明迎上前去握手說。

　　在離開機場去賓館的路上，白崇禧說：「光亭兄四平街一仗打得好。委員長特令我來祝賀呀！」

　　杜聿明淡淡一笑說：「白長官是不是還有其他的指示呀？」

　　白崇禧一愣，隨後說：「光亭兄有眼力，我的確還帶來委員長的一個決定，停止攻擊長春、永吉。」

「停止攻擊？為什麼？」杜聿明驚得睜大了眼睛，儘管他事前曾猜想過。

白崇禧把蔣介石所說的幾點理由向杜聿明重複了一遍。

杜聿明很不以為然，仍然堅持要攻打長春和永吉：「進攻四平的目的，就是為了擊敗共軍主力，一舉收復長春、永吉，如不繼續進攻，則前功盡棄；如果停止進攻，則共軍贏得時間整訓，其擴充是非常之迅速的。再說，進攻命令已經下達，中途變更會引起混亂，有被敵各個擊破的危險。而且從策略上考慮，長春為東北首府，永吉、小豐滿水電站電力可以利用，在地形上可依松花江天塹與共軍隔江對峙。」

「光亭兄言之有理。」白崇禧說，「不過，如果進攻長春無十分把握，還是以到公主嶺為宜。」白崇禧顯得十分謹慎小心。

「不，我絕不停止進攻長春！」杜聿明很堅決地說。

白崇禧見杜聿明堅持己見，便說：「將在外，君令有所不受嘛！我看只要能拿下長春，蔣先生也不會不高興的。咱們明天到前方看看再決定吧！」

第二天，白崇禧在杜聿明的陪同下視察了前線，官兵們的情緒的確很高昂，都叫著要一鼓作氣拿下長春、永吉。也許是前線陣地上的好戰氣氛感染了他，他對杜聿明說：「如確有把握的話，我也同意一舉收復長、永。那麼你照原計畫打，我回去向委員長講，收復長、永後再和共產黨談判下停戰令。」

「好，請轉告校長，我一定拿下長、永。」杜聿明見白崇禧同意了他的計畫，情緒立刻高昂起來。

在攻占四平街之後，杜聿明立即下達命令，向長春發起攻擊。

馬歇爾得知戰火仍在蔓延，而且呈熾烈之勢，便向報界發表聲明，以望能得到大眾的支持。

這個聲明強烈呼籲東北停戰，然對於東北的衝突卻是用各打五十大板的辦法，指責國共兩方都應負同樣的責任。

然而，即使是這樣的意見，蔣介石也是聽不進去，他現在從東北得到的是一個又一個的捷報，他才不聽馬歇爾的調處言論！他在日記中寫道：「近察馬歇爾之心理及其態度，乃極以對共交涉之破裂或停頓為慮。時現恐懼與無法應付之情態，其精神幾已完全為共產黨控制，唯共黨之要求是從，無敢或違，凡與共黨心理牴觸之條件，皆不敢向共方試談，其畏共之心理竟至如此。」

延安方面對馬歇爾的聲明則是持歡迎態度的，〈延安人士同情馬歇爾總部聲明〉中說：「同情馬歇爾總部 20 日聲明中關於制止東北衝突與澄清東北局勢的願望。馬歇爾警告若干好戰分子，企圖使中國陷於烽火燎原，並使中國人民遭受不幸之後果一節，特別引起延安社會之共鳴。延安輿論曾多次呼籲中外人士採取步驟，以阻止此種形勢之發展。此間權威方面保證：中共將與保持堅定而公正態度以謀制止衝突的美國人員繼續合作，以繼續全中國的和平，使其免於好戰分子所破壞。」

就在這一天，國民黨軍占領了長春。蔣介石一手拿著攻克長春的捷報，一手拿著民盟的電文，譏諷說：「張君勱他們知道

共軍在長春站不住腳了，才主張共軍撤出長春。他們如果早點提出來，不就省得我們打了嗎？東北不就和平了嗎？」

「民盟的人和共產黨是一個鼻孔出氣，」陳誠在一旁說，「只有把共軍打癱了，他們才一個個都老實了。」

「這次光亭打得漂亮，沒費多大勁就拿下了長春，」蔣介石十分高興地說，「我要親自到瀋陽去，慰問全體將士。」

「校長國事繁忙，我去就行了。」陳誠關切地說。

「不，我要親自去。」蔣介石堅持說，「東北的事很重要，我要親自去布置。」

這一天，蔣介石攜同夫人宋美齡乘機飛抵瀋陽。

委員長夫婦祝捷

瀋陽城裡。杜聿明長官官邸一片燈火輝煌，進進出出的人員個個臉上喜氣洋洋。長春已被攻克，蔣委員長和夫人今晚要來出席慶功宴會，豈有不歡慶之理。

晚 7 點，蔣介石挽著夫人宋美齡，在杜聿明的陪同下走進了宴會廳，後面跟隨著一大幫軍政高級官員。宴會廳裡頓時奏起了《凱旋進行曲》，熱烈的掌聲也隨之響了起來。

「好，好。」蔣介石頻頻地招手，點頭，臉上露著開心的笑容。宋美齡則微笑著依偎在丈夫的身邊。

待蔣介石、宋美齡、陳誠等人在主席臺坐定後，杜聿明首先說話了：「各位來賓：今天值攻克長春的歡慶日子，我們熱烈歡迎蔣主席偕夫人來瀋陽指導工作。現在，請蔣主席講話。」

蔣介石說：「我很高興這次來瀋陽。你們連續打了幾個大勝仗，打出了軍威，很好。我這次來，一是祝賀勝利，二是提醒你們要警惕，共軍是不會善罷甘休的，你們還要有繼續打大仗的準備。就我們政府來說，是要和平的，不願意打仗，但共軍就是好戰，占著瀋陽、長春不走，硬逼著我們來打。現在，共軍的氣焰被打下去了。我們再次提出了和平的要求。」

底下是一片輕鬆歡快的笑聲，看來參加今晚宴會的人都認為今後的戰鬥贏家準是國軍了。

6 月 3 日，蔣介石從瀋陽返回南京，這時他的部隊已經侵至松花江邊了。

馬歇爾得知蔣介石從瀋陽回到南京，立即前來拜見蔣介石。

　　「蔣委員長，聽說滿洲的形勢依然緊張，國軍在占領長春之後，部隊又追擊到了松花江邊。」馬歇爾憂慮重重地說，「我認為應該立即派遣軍調部前進指揮所到長春去，制止目前國共之間的衝突。」

　　「我是很有誠意的，」蔣介石說，「為了證明這一點，我命令我的軍隊休戰一個星期。」

　　「七天時間恐怕太少了，」馬歇爾搖搖頭，「至少得十天。」

　　「行，十天。」蔣介石答應得很爽快，「我想在停戰期間，應該就以下幾個問題進行討論：制定在滿洲停止敵對行動的詳細辦法；制定在一定期限內完全恢復華北交通的明確辦法；確定立即實行軍隊整編方案的基礎。」

　　6月4日，馬歇爾向周恩來遞交了備忘錄，告訴了他蔣介石提出的三點建議。

　　「蔣委員長的建議我們是同意的。」周恩來當即說，「不過10天的停火期限未免太短了，希望能夠延長。」

　　馬歇爾覺得很為難，不過還是答應再去與蔣介石商談。

　　當馬歇爾把周恩來要求延長停戰期的要求告訴蔣介石時，令馬歇爾感到意外的是，蔣介石欣然答應了。

　　6月6日，蔣介石和周恩來分別發表了東北停戰聲明。同日，軍調部前進指揮部在長春正式設立。

在瀋陽的杜聿明見了停戰聲明，連夜拍電報給蔣介石，表示不理解，說：「正值我軍節節勝利之際，理應一鼓作氣拿下整個滿洲，現在停戰，將挫我軍之銳氣，而讓共軍得到休整喘息的機會。」

陳誠拿了電報來見蔣介石，也表示不理解為什麼現在停火。

「辭修，」蔣介石說，「我也有難處呀！光亭的部隊已深入到了松花江，這看起來令人樂觀，然而我們的兵力分散，極容易被敵人各個擊破。我們的一八四師就是這樣在鞍山、海城被共軍吃掉的。而共軍在四平街失利以後，往北收縮，兵力集中，再要殲滅他們，就不是那麼容易的事了。」

「那我們可以加緊往東北運兵。」陳誠是個好戰分子，巴不得以一朝一夕之功乾淨地殲滅東北所有共軍。

「不行。再往北部深入，可能引起蘇聯人的強硬反應。他們會認為我們損害了他們在北滿的利益。再者，國內的一些好事者也在把東北軍事衝突的責任嫁禍到政府身上。我們主動提出休戰，就可以把這幫人的嘴堵住，在政治上取得主動地位。」

馬歇爾這時是夾在國、共、美三方中最難堪的人物。他時時記起來到中國時魏德邁對他說過的那句話：「這是不行的，將軍。」也記起自己當時說的話：「我一定要做到！」可是，現在他困惑了，他根本就沒有自己的調停步驟，而是被動地在國共之間做一個調解員。就在毛澤東發表聲明譴責美國的軍事援華法案後，馬歇爾又急急忙忙地跑到蔣介石那裡，要求將 22 日截

止的東北休戰期延長。蔣介石說：「延期可以，我可以將休戰期延長至 30 日，不過，膠濟鐵路沿線的共軍必須在 8 月 1 日前撤退到鐵路兩側 30 公里以外的地區。」

馬歇爾又趕快把蔣介石的意思轉告給了周恩來。周恩來說：「現在熱河和山東大部分在中國共產黨控制之下，所以要求國民黨軍隊撤出這兩個省才合情理。為了和平，中國共產黨準備撤離某些地區，但中國共產黨在那裡要保持地方政權，不准國民黨軍前來占領，否則，中共在那裡的改革就會被取消。我們要向人民負責。」

但是蔣介石完全沉浸在四平街的勝利和美國的軍援之中，他的胃口更大了。在交給馬歇爾的一份軍事調整具體建議中，他提出：

「共軍應在十天之內撤出東北、膠濟鐵路、承德、古北口、安東省和哈爾濱，這些地方的軍隊在一個月之內從其他應該撤走的地方撤走，但是政府軍隊的開入可以延緩兩三個月。」

「蔣委員長，」馬歇爾看了看蔣介石提出的建議，還是忍不住說，「在共產黨看來，這些條件是非常嚴厲的，幾乎沒有接受的可能。除非，」馬歇爾斟酌了一下字眼，「除非蔣委員長對此根本就不抱希望。」

這時，距休戰期滿只剩下最後一天了。馬歇爾想作最後一次努力，他找到周恩來，要求中共方面再作些讓步。周恩來說：「馬歇爾將軍，和您一樣，我們也渴望和平，但是，我們不乞求蔣委員長的『和平』。我們不能為了『和平』而失去廣大人

民群眾的利益。我們要求和平。是為了使他們活得更美好。」

「你說得對，」馬歇爾動情了，「施捨的和平是不會長期的。——這麼說，滿洲的調停沒有希望了。真遺憾！」

「我也遺憾，將軍。」周恩來說。

東北休戰期間，社會各界也在為迫在眉睫的內戰做調停工作。杭州、蘇州萬名學生舉行聲勢浩大的遊行，反對政府打內戰。上海人民團體聯合會和上海各校學生和平促進會聯合發起組織上海人民和平請願團，推派馬敘倫、胡子嬰、盛丕華、雷潔瓊等 11 人為代表，於 6 月 23 日赴南京請願。這天上午，上海東站熱鬧非凡，各界 10 萬群眾自發到東站去給代表們送行。一位可愛的小女孩問爺爺說：「爺爺，這些人都是誰，怎麼許多人都來送他們呀？」爺爺說：「他們是和平的使者，有了他們，我們國家就不打仗了。」

但是，夾雜在人群中，也有另一幕不協調的景緻。一幫人舉著「上海學生反內亂大同盟」和「上海工人反內亂大同盟」的牌子在高叫著：「共產黨不要和平！」「反對共產黨製造內亂！」「一切聽蔣主席的指揮！」

眾人一看那身衣著，便知道這幫人並不是學生和工人，不曾理會他們。當火車開走之後，這幫人也就偃旗息鼓，不再叫喊了。

當晚 7 時，請願團到達南京下關站。一下火車，就被站臺上一群自稱是蘇北「難民」的人圍住。這些「難民」有不少是穿著絲綢衣服或西服革履。顯然，這些人是從解放區逃出來的資

產階級。

「你們請願團應該向共產黨請願。是他們在製造內戰，害得我們有家歸不得。」

「共產黨不服從國民政府的領導，想推翻蔣主席。這不是製造內亂嗎？」

馬敘倫反駁說：「毛澤東在重慶談判時，就已經表示要擁護蔣主席的領導。而蔣主席卻總想消滅共軍。誰在製造內亂不是很清楚嗎？」

「中共已經答應了撤出蘇北，可是政府卻還是要戰爭，要用武力來消滅共產黨。」雷潔瓊在一旁說。

「揍他們！」幾個人怪叫著。

「打這幾個共黨的走狗！」一幫人擁了上來。

於是，代表們被打，有的衣服被撕破了，有的眼鏡被打落在地下。

前來迎接請願團的群眾也和這幫難民扭打起來。

到了晚上 9 點，車站還處在一片混亂之中。

這時的中共辦事處已搬到了南京。在梅園的周恩來得知請願團被打，立即指示祕書章文晉：「你趕快打電話給馬歇爾辦公室，叫馬歇爾想辦法制止這場打鬥。」

「赫欣上校嗎？」章文晉接通了馬歇爾辦公室的電話，「下關車站發生的事你們知道了嗎？周副主席希望你們能妥善解決此事。」

「好，好。」赫欣接著電話，他對章文晉一口流利的英語表示了好感，「我們立即通知政府當局給予制止。」

赫欣放下電話，馬上撥通了交通部長俞大維的電話：「部長先生，中共代表周恩來將軍的祕書已來過電話，對下關車站發生的毆打請願團事件表示關注。希望政府能平息各方面的議論。」

俞大維在電話裡打著哈哈：「這事我們已經知道了。我將盡快報告上面妥善解決。」

「部長先生什麼時候能給個回話？」赫欣深知這些政府官員辦事效率極低，趕忙追問道。

「不好說呀！」俞大維果然含糊起來，「盡快吧！」

「好，我半個小時內等你的電話。」赫欣說完，不等對方回話，「啪」地把電話掛了。

20 分鐘後，俞大維來電話告訴赫欣：「上校先生，陳參謀總長已經下了命令，派憲兵護送請願團去旅館，絕對保證他們的人身安全。」

赫欣放下電話，鬆了一口氣。

半小時之後，赫欣桌上的電話鈴又響了。

「喂，你是哪一位？」電話裡是流利的英語問話。

「我是赫欣。你是章文晉先生嗎？」

「是的。下關車站請願團還在被繼續圍打，你怎麼漠然處之？請解釋。」章文晉顯得有幾分火氣。

「哦？」赫欣愕然，「半小時前俞部長告訴我說，陳將軍已下令用憲兵護送請願團回旅館。我想，請願團早已離開了車站。」

「沒有！」章文晉有幾分憤怒了，「政府開的是空頭支票，絲毫不頂用，騙人！」

「太不可思議了，」赫欣囁嚅著，「政府說話怎麼能如此不負責任呢？」他拿起電話，想再找俞大維，但立即他意識到，這並不是哪一個人工作馬虎，而是政府故意拖延。他放棄了質問俞大維的念頭，因為那將是徒勞的。

「下關事件」使請願團被圍打達五小時之久，請願團的四名代表受了傷，馬敘倫傷勢最重，被送入醫院治療。連同在場記者及歡迎人員，受傷人數達十二人之多。

全國輿論譁然。中國共產黨和民盟向政府當局提出強烈的抗議。

在輿論的壓迫下，6月26日蔣介石被迫接見了上海和平請願團。

胡子嬰對蔣介石說：「蔣主席，我們是來反映上海人民反對內戰的心願的。並不曾受共產黨的操縱。到了南京，遭人圍打，而警察視若無睹，實在是令人不解。」

蔣介石說：「這些難民是因為共產黨的迫害而有家難回。警察勸了多次叫他們別鬧，可是收效甚微。讓你們受苦了。」

「我們受點苦倒無所謂，」雷潔瓊在一旁插話說：「只是希望內戰別打了，不要讓全國的人民吃苦就行。」

「這個請放心。就是這次談判不成，我也不打，請回去告訴上海人民好了！」蔣介石顯得很誠懇地說。

6 月 30 日，東北停戰期滿，為了繼續調停，馬歇爾徵得蔣介石的同意，又成立了一個特別小組，專門討論地方政府問題。特別小組共五人，國民黨方面的代表三人，他們是邵力子、王世杰、陳誠，中共方面的代表是周恩來、董必武。

7 月 3 日，特別小組舉行首次會議。

邵力子一開口便說：「共產黨應從熱河省承德以南、東北的安東省、膠濟鐵路、蘇北四個地區撤出軍隊，並交出地方政權。」

周恩來反問說：「共產黨為什麼要從這些地方撤出？共產黨是從日偽手裡奪得這些地方的，難道他們沒有權力管理這些地方嗎？請問，當時的政府軍到哪裡去了呢？」

「政府軍當時在中原和西南抗戰，沒來得及派往這些地方。」陳誠說。

「笑話，」周恩來說，「政府軍躲在西南一隅，消極抗戰，他們沒有資格接收主權。」

「沒有資格的是共軍，」陳誠說，「共軍游而不擊，也算得上抗戰？也配接收主權？」

周恩來劍眉一聳，說：「陳參謀總長，共產黨領導的東北抗日聯軍長期在艱苦的條件下與日本人作戰，他們沒有得到政府的任何支持。而政府軍卻在「九一八」之後就撤出了東北，實行「不抵抗」政策。請問，誰在抗戰？誰不配接收主權？」

首次會議不歡而散。

7月12日又舉行了五人會議，結果還是一無所獲。

這一天，陳誠來向蔣介石報告了五人會議的情況。蔣介石聽罷，冷笑說：「好哇，共產黨的骨頭就是硬，不肯簽字，那就不客氣了。辭修，你下命令，凡是共軍不肯退出的地方，立即派軍隊進行攻擊，搶占過來。」

「是！」陳誠滿心歡喜地說。

「軍事上有什麼進展和難處，及時報告我。」蔣介石補充說，「我打算到廬山去休息一段時間，省得在這裡有許多煩惱的事。」

「好的。」陳誠明白蔣介石是怕馬歇爾、記者、還有學生等的打擾，「有事我隨時請示您。」

陳誠得了蔣介石的指示，趕快布置了一番進攻解放區的部署。他不無得意地對軍官們說：「諸位，這次蔣主席是下了決心的。兩個月內消滅蘇北共軍，五個月內在軍事上解決整個中共。」

在對共產黨領導下的解放區全面進攻的同時，國民政府對反對內戰、反對獨裁的第三方人士也進行恐嚇和謀害。

第一個被「開刀」的是李公樸先生。

李公樸是民盟中央執行委員、兼教育委員會副主任委員。大革命時期，他參加過北伐。爾後赴美留學。1936年5月，全國各界救國聯合會成立，李公樸被選為執行委員。救國會要求蔣介石政府停止內戰，釋放政治犯，與紅軍議和及建立統一的

抗日政權。為此，李公樸與沈鈞儒、鄒韜奮等七人於 11 月被國民黨政府逮捕，這就是史稱的「七君子事件」。1937 年 7 月 31 日，李公樸出獄，他發誓說：「『人生自古誰無死，留取丹心照汗青』，只要我活著，就要為民族的解放、國家的昌盛而奮鬥。」1946 年 2 月 10 日，他在校場口事件中受傷住院，前來看望他的周恩來說：「李先生，你多次出生入死，為正義為自由而鬥爭，可敬可佩呀！」李公樸泰然笑說：「中國目前是太黑暗了，為了光明，總要有人做出犧牲的。我願為之付出生命。」1946 年 6 月下旬，昆明各界人士組織爭取和平聯合會，發起爭取和平簽名運動。昆明的國民黨當局散布謠言說：「李公樸要準備暴動了。」於是，魔爪便向他伸來。7 月初，李公樸家門口經常有陌生人晃動，有人便提醒李公樸說：「李先生，當心，有人盯上你了。」李公樸毫無畏懼地說：「讓他們盯吧，我不能為了活命而失去真理和正義。」7 月 11 日晚，當李公樸在一個反內戰的群眾大會上演講回來時，在街頭遭不明身分的人的槍擊。經搶救無效，於次日凌晨去世。

四天以後，又一位民主鬥士在昆明遭槍擊，而且是機槍掃射而死，他就是聞一多先生。

聞一多是當時有名的詩人、學者。他出身於知識分子家庭，父親是清末秀才。1922 年他在清華大學畢業後隨即赴美芝加哥大學深造。回國後，一度應鄧演達之邀，在北伐軍總政治部工作。其餘時間，一直在大學任教。抗戰後期，目睹國民黨官僚的貪汙腐敗，人民水深火熱，聞一多拍案而起，走出書齋，投身於民主運動。1944 年他參加民盟。

抗戰勝利後，聞一多先生於 1945 年 9 月成為民盟中央執行委員。1945 年 12 月 1 日，國民黨鎮壓學生運動的「一二一」運動發生後，聞一多抨擊這是「中華民國最黑暗的日子。」他說：「今天，我們第一要停止內戰，第二要停止內戰，第三還是要停止內戰！」

　　然而，聞一多的主張是為政府中的好戰分子所不能容忍的，他也被盯上了。

　　在李公樸遭殺害之後，朋友告訴他說：「當局的黑名單上有你的名字，李先生的追悼會你就別參加了！」

　　聞一多說：「我怎麼能為了活命，而不去參加為真理、為正義而死的鬥士的追悼會呢！」

　　7 月 15 日上午，聞一多在李公樸的追悼會上拍案而起，厲聲說：「反動派！你看見一個人倒下去，可也看得見千萬人繼起！正義是殺不光的，因為真理永遠存在！」然而就在這天下午，聞一多回家，在離宿舍大門十來步的地方突然遭機槍伏擊，當場中彈身亡。陪伴他的兒子聞立鶴為保護父親，也身中數彈。

　　不出五天，連著兩位著名學者被殺，中國共產黨、民盟及其他民主黨派都對李、聞家屬致電悼念，並強烈譴責蔣介石的卑劣行為。馬歇爾也說：「政府的這一行動實在是不明智的，得不償失。」

　　蔣介石對來訪的記者說：「我用人格擔保，這不是政府做的，待查清之後，定公之於眾，並嚴懲凶手！」

當晚，蔣介石叫來了鄭介民：「李、聞兩位是你們軍統的人殺的嗎？」

「校長，我們並不知道此事！」鄭介民忐忑不安。

「你說的是實話？」

「是的，軍統的確沒有參與這件事。」

「那好，查一查，到底是誰做的。要知道，現在不是時候。」蔣介石揮揮手，鄭介民立即退出去。

兩天後，鄭介民來報告說：「李、聞被殺一案是雲南警備司令部總司令霍揆彰布置司令部特務營與稽查處的人做的。」

「哦，是他們做的蠢事。」蔣介石慢慢地說，似乎在掂量著這事的後果。

「校長，怎麼辦？」

「霍司令撤職，具體執行者槍決。」蔣介石說。

「處分是否太重了？」鄭介民問道，他擔心今後軍統殺錯了人也照此辦理。

「沒有辦法。李、聞都是留美的學者，處理輕了，在美國人那裡也說不過去。委屈一下吧！」蔣介石說。

選助手司徒出場

　　美國的對華政策，到了 1947 年 7 月更加顯得自相矛盾，令馬歇爾難以執行。一方面，馬歇爾受總統杜魯門委派，來中國為國共兩黨調停，制止內戰的爆發。另一方面，美國政府為了美國的在華利益，全力支持蔣介石，加劇了國共之間的軍事衝突。7 月 16 日，美國國會又批准「贈送」271 艘艦艇給國民黨政府。

　　既然是政府的批准，馬歇爾自然也不說什麼，因為他是代表美國政府而來的。

　　就如一個奄奄一息的病人得到了輸血，國民黨內的好戰分子頓時精神為之一振。

　　陳立夫囂張地表示：「現在可以對中共動外科手術了，國民黨不能容許共產黨存在。」

　　陳誠說：「從事調解決定，延緩了對中共問題之解決。」這直接地表示了對馬歇爾調解的不滿。

　　因此，關於馬歇爾的謠言便多了起來。

　　一次，杜魯門從美國打來電話，問：「將軍，您的夫人身體欠佳，是嗎？」

　　「沒有哇！」馬歇爾愕然，「您聽誰說的？」

　　「我聽孔祥熙博士說的。」杜魯門說。

　　「哦，」馬歇爾答應了一聲，接著說：「這裡的人都是這樣

說我的，說我的夫人和我鬧翻了，躲進了上海的一家醫院，不願意來見我。而事實上卻是，她和蔣夫人一起去上海度週末，第二天便回來了。真是無聊極了！」

「哦，是這樣，那就好。」杜魯門放心了。突然，杜魯門又像想起了什麼，問道：「將軍，您需要我再為您做些什麼嗎？」

杜魯門溫和的語言使馬歇爾深受感動，他想了想，自己還需要什麼幫助嗎？的確需要，年近 70 歲了，日夜的奔波操勞弄得他精疲力盡，如果不是軍人的話，他都要支持不住了。

「總統先生，請您盡快任命一位駐華大使好嗎？您知道，自從赫爾利大使辭職以來，這個職位一直是空著的。」馬歇爾終於說道，他真的需要有人分擔一部分他的工作了。

「可以，將軍。」杜魯門不加思索地說，他也擔心這位密友累垮了，「您看誰去合適呢？」

「當然是魏德邁。他在中國待了多年，這一職務他是勝任的。」

馬歇爾說。

「好，我同意你的意見。」杜魯門贊同說。

晚上，馬歇爾將要任命魏德邁為美國駐華大使一事告訴了蔣介石。蔣介石欣然同意說：「很好，這兩年我和魏德邁將軍合作得很愉快，他是我的可信賴的朋友。」

魏德邁本人當然是十分願意擔任此職的。當他得到這一消息後，便興沖沖地趕回紐約，買了漂亮的夜禮服和一切與大使身分相稱的用品。他的朋友還問他：「聽說你這次再回中國，就

是以大使身分去的，而馬歇爾將軍則就算完成了他的使命。是嗎？」魏德邁不置可否地笑笑。更叫魏德邁興奮的是，杜魯門總統還特地將他從紐約召來，告訴他：「沒問題，你將是大使。」魏德邁當時的感覺是，萬事俱備，只待赴任了。

然而，馬歇爾拍來的一封電報破滅了他的大使夢。馬歇爾說：「在接到我的進一步通知之前，請延緩魏德邁的提名。」

杜魯門總統愕然了。兩天後，馬歇爾提出了一個完全不同的大使人選，此人便是司徒雷登！

魏德邁氣得暴跳如雷，他逢人便說：「馬歇爾將軍是因為我預言他調停不能成功，便以此來發洩他的惱怒。」

其實，魏德邁的猜測是沒有道理的，如果馬歇爾為了發洩私憤，當初也就不提魏德邁作候選人了。他後來改變主意，是因為發現了比魏德邁更理想的大使人選。

司徒雷登的經歷的確非同一般。他出生在中國。當時他是燕京大學校長，在中國有相當廣泛的社會聯繫，包括當時的一些政黨和派別。抗戰期間，他還因反對日本對中國的侵略而坐過日本人的監獄，深得中國人的好感。熟悉他的人，都知道他有一句口頭禪：「我是美國人，也是中國人。我愛美國，我也同樣地愛中國。我生在中國，也要死在中國。」

與魏德邁相比，司徒雷登算得上是一個真正的「中國通」。馬歇爾評價司徒雷登說：「他比在中國的幾乎任何人都更了解中國，更熟悉中國的情況，除非可能有另一個孔夫子在世。」其次，對調處來說非常重要的是，司徒雷登比魏德邁有更多的

社會關係、更大的影響力。另外，司徒雷登有著一個明顯的有利之處，他不像魏德邁在國民黨政府裡工作過，不易為中共接受。他一直是一位社會名流，政治色彩不濃，能夠得到中共的承認。的確，當時中共對司徒雷登是友好的。毛澤東在重慶談判期間，在宴會上見到他時，還風趣地說：「校長先生，歡迎你來延安作客，那裡有不少你的學生。」司徒雷登當時回答說：「我希望他們能為學校爭光。」毛澤東和周恩來還特地抽空請司徒雷登吃飯。所以，當司徒雷登被任命為駐華大使後，周恩來的夫人鄧穎超在上海答各報記者時說：「司徒雷登先生生長於中國，對中國情形很熟悉，對我們一直有良好的友誼，而且正為中國和平民主在努力，所以對於他的出任駐華大使我們表示很熱烈的歡迎，同時也寄以極大的希望。」

7月5日，馬歇爾正式向美國政府提出由司徒雷登任駐華大使。他在提名中寫道：

「我希望司徒雷登博士就任一個高級職位，這樣我就能利用他對各派政治領導人的影響，所有這些人大多數他都是熟悉的。在政治談判中他將是特別有幫助的。」

蔣介石對司徒雷登的任命保持沉默，他吃不準這位新大使對國共兩黨的看法如何。

7月18日，馬歇爾領著新大使司徒雷登來廬山見蔣介石。

「歡迎，歡迎！」一見了司徒雷登，蔣介石就熱情地伸過手來，他用手指指著在微風中擺著的石壁上的小松樹說，「你看，大使先生，迎客松也在揮動著手臂招呼你。」

「蔣主席,希望能得到您的幫助。」司徒雷登禮貌地回了一句。

「這裡的風景太優美了,我是第一次上廬山。」馬歇爾看著雲海中翠綠的山尖讚嘆說。

「是嗎?將軍,那太遺憾了。」司徒雷登以一個中國通的樣子說開了,「這裡是仙人洞,是廬山最著名的景點。對嗎?蔣主席。」

「對,對。」蔣介石似乎沒有這般雅興,機械地回答說。

「中國的大詩人無不來過廬山,還留下了許多傳頌千古的詩篇。李白的〈望廬山瀑布〉,還有蘇東坡的『不識廬山真面目』等詩句,都是在此留下的。」司徒雷登興致勃勃地侃侃而談。

「啊,真是妙極了,住在這裡能成仙人?」馬歇爾覺得挺有意思。

「這裡是仙境,可住在這裡成不了仙人。我每年都要來廬山住上一些日子,不過想染點仙氣罷了。」蔣介石說完,輕輕地笑了起來。

「那好,大使先生,你和蔣委員長談談吧,我得去飽覽一下廬山明媚的風光了。」馬歇爾似乎真的被眼前的秀麗景色所吸引,告別了他們兩位,自己遊山去了。

於是,司徒雷登大使和蔣介石在仙人洞前的石桌旁坐了下來,開始了第一次交談。

「大使先生,我能知道您對共產主義的態度嗎?」蔣介石最關心的是這一點,在他看來,這是試金石。

「哦，可以。」司徒雷登知道這是蔣介石不放心自己，「我認為，共產主義不應該在世界傳播，因為它帶給人民的只能是痛苦和災難。」

蔣介石的臉上露出了一絲滿意的笑容：「大使先生，我完全贊同您的觀點。正因為要阻止共產主義在中國傳播，我希望能借助貴國的幫助，徹底剷除中國共產黨。」

「不，不，」司徒雷登擺擺手說，「對付共產主義運動最好的、也許是唯一的辦法，就是實行土地和其他方面的改革，這些改革比共產黨所鼓吹的改革更加有利，而且可以避免暴力、專制手段和外國共產黨的可能影響。」

蔣介石心中出現一絲不快，他最不願意聽到改革之類的話，因為那意味著要與共產黨簽訂協議，意味著他的權力也要受到某種限制。他心中暗暗說，到底是位文人，不懂得武力的厲害，如果是魏德邁任大使，定能贊成用武力解決中共的辦法。然而他表面上卻說：「大使先生言之有理，您看下一步該怎樣進行呢？」

「暫停對中共的攻擊，仍然回到談判桌上來。」司徒雷登說。

為了敷衍這位大使，蔣介石同意恢復談判，但要價卻特別高：在政府要求的中共撤出的地區撤出，共產黨保持在日本投降以前占領的縣，撤出日本投降以後占領的縣，並應允許政府加以接收。

這當然是中共所不能答應的。

於是，馬歇爾不得不在炎熱的天氣裡，第二次上廬山，說

服蔣介石做出一定的讓步。但是，蔣介石已決心要用武力來征
服中共，他絲毫不肯做出讓步。

馬歇爾黯然離開了秀麗的廬山。

1946 年的 7 月在斷斷續續的槍炮聲中過去了，馬歇爾寄希
望於 8 月的調停。

蔣介石選擇戰爭

8月的南京是最最炎熱的時候，儘管城邊有長江，有秀麗的山峰，仍然擋不住酷熱。達官貴族這時節都離開南京，去廬山或峨嵋等地方避暑了。留在南京的有身分的人也待在有空調的屋子裡喝著冷飲，過著愜意的日子。

馬歇爾儘管以他的資歷、地位和年齡，完全可以找個好的去處避暑，但他沒有這份福份。作為軍人，任務沒完成，他就不能退出他的崗位。他希望在實現真正的調停後，到廬山好好地住上一些日子。

令馬歇爾沮喪的是，8月的第一天，馬歇爾就接到中國共產黨的抗議信，說7月29日上午，駐天津的美國海軍陸戰隊以及國民黨軍各數十名，乘著汽車來到河北省香河縣安平鎮附近，侵入冀東解放區，並向當地守軍開火，造成多人傷亡。延安方面要求美國海軍陸戰隊道歉並賠償，處分直接負責的軍官，公開保證不再向任何解放區侵犯。還重申美國駐華軍隊必須立即撤出中國。

周恩來在當天就此事會見了馬歇爾，告訴他，這已經是北寧線美國海軍陸戰隊侵入解放區的第八起事件了，而且這起事件還涉及國民黨軍隊，這是不能容忍的。

馬歇爾保證說，一定派人調查此事。

此事還沒調查清楚，第二天馬歇爾又收到周恩來為抗議政府軍飛機轟炸延安而寫給蔣介石的信的影印件。信中說：

「8月2日正午，延安上空，突來國民黨飛機7架，計P4式驅逐機6架，B24式轟炸機1架，自正南方向竄入，到後即掃射城郊達20分鐘之久，發射機槍彈萬餘發，旋即飛至王家坪——中共軍隊延安總部所在地上空，投彈11枚，最近處只距總部房屋約400公尺，事後檢查炸彈片及子彈殼均係美造，炸彈為延性彈。

本人茲奉命向國民政府提出最嚴重之抗議，政府如不承認此舉為全面內戰開始之信號，則請立即實行下列兩項辦法，以制止類暴行之擴大：

一、下令調查此次暴行之經過，並嚴懲此次暴行之負責者。

二、將全國空軍置於北平軍調部管理監督之下，以保證中國空軍不再參加中國內戰。

「唉，又是抗議，又是調查。」馬歇爾無可奈何地搖搖頭，誰都說自己有理，誰都要求調查事情的「真相」，可是調查結果出來了，一方認為對他有利，承認這是真相；一方認為對他不利，要求再調查。「難呀，真難。」這位從不認輸的將軍真的為難了。他的老朋友杜魯門前天還來電話說：「將軍，如果您覺得為難，可立即返回美國，我將任命你為國務卿。」馬歇爾當時回答說：「我可以接受新的任務，但現在不行，我要把我的工作做完。」

他找來了司徒雷登。

「大使先生，中共方面的兩份抗議書你都看過了吧？今天

早上第七艦隊司令柯克上將送來了陸戰隊與共軍衝突的調查報告，說責任完全在共軍方面。我沒有將調查結果告訴周恩來，因為中共肯定對此結果不滿意。今天政府軍的飛機又轟炸了延安，看來國共關係有進一步惡化的可能。」馬歇爾憂慮重重地將8月分頭兩天的情況向司徒雷登作了簡單的介紹。

「我去找蔣先生談談，看看他的意見。」司徒雷登想不出什麼好主意，答應著說。

「蔣先生還是我去找吧！他去廬山就是想避開見任何人，做出一副目前之事與己無關的樣子。」馬歇爾有幾分不滿地說。

8月8日，年邁的馬歇爾又在一片暮色中匆匆地上了廬山。

第二天，在仙人洞前，馬歇爾與蔣介石進行了一次長談。在場的除了擔任翻譯的宋美齡，再沒有其他人。

「將軍，您不辭勞苦，又來廬山，真叫我感動。」蔣介石客氣了幾句。

「這沒什麼，」馬歇爾苦笑著，「只要能使國共兩黨攜手建國，我就心滿意足了。」

「有將軍這片真誠的心，我想是能夠做到的。」蔣介石說。

「可是目前形勢並不樂觀，」馬歇爾話鋒一轉，「華北的衝突不久就會完全無法控制，一旦它蔓延到熱河省，就會波及滿洲，然後會擴展到全國各地。」

「中共是內戰的根源，只要他們存在，內戰的爆發便是不可避免的。」蔣介石堅持自己的見解，「現在，國軍在全國各地逐漸占據優勢，只有在軍事上壓倒中共，他們才會不鬧事，國家

才有可能安寧。」

「恕我直言，目前的做法可能導致共產黨控制全中國，正在發展中的混亂狀況不僅將削弱國民黨，而且將為共產黨提供一個破壞國民政府的絕好良機。」

「將軍未免太悲觀了，此時如果再坐視共產黨的發展壯大，那才真會禍及政府。」

「但是政府的某些做法，不僅在國內不得人心，而且在國外，譬如說在美國，引起了許多議論，即出版自由和言論自由正遭禁止，知識分子，特別是在國外大學受過教育的那些知識分子受到蓄意的迫害，並且肯定處於鎮壓措施之下，想要威脅他們並防止他們發表不利於國民政府的觀點。」

「那些禁止出版的東西都是因為未履行正當的出版登記手續。」

「可是在美國沒有一個人會接受這樣的解釋。美國知識界有一種感覺，即中國對自由主義見解的壓制與德國所實行的做法相同，它已使世界震驚和憤怒。」

蔣介石再也坐不住了，他站立起來，怒氣衝衝地說：「怎麼可以把中國與德國並提呢？難道我是希特勒？美國的人民完全是輕信了某些同情共黨分子的話。我請馬歇爾將軍在適當的時候適當的場合向美國人民真實地介紹中國的情況。」

「委員長，你是說我馬歇爾沒有真實地將這裡的情況報告給美國人民嗎？我不能接受這種指責。我是完全站在中立的角度來看這個問題的。」馬歇爾也生氣了。

「好啦！我看以後再談吧。」宋美齡在一旁插話說，「委員長近來身體不太好，經常失眠，容易動感情。請將軍不要在意。」

馬歇爾不再說什麼。第三次上廬山就這樣悻悻而返。

回到南京，馬歇爾面對紛亂的局勢，不知如何是好，只得與司徒雷登聯名寫信給杜魯門總統，要求他給蔣介石施加壓力。

杜魯門知道馬歇爾不在萬不得已的時候是不會求他幫助的，當即便給蔣介石去了一封信，信中說：

「我深信，馬歇爾將軍在與您會談中，曾正確地反映美國政府的整個態度和政策。

在美國，目前存在著一派日益有力的思想，它們鑑於內戰日益擴大，特別是壓制知識分子發表其思想的自由和箝制新聞的自由的趨勢日益增漲，主張我們整個對華政策必須重新加以考慮。

除非在和平解決中國內部問題上，確保在短期內有著真正的進展，則不能期望美國輿論對貴國仍持慷慨大度的態度。」

蔣介石接到南京轉來的杜魯門的信件，對宋美齡說：「肯定是馬歇爾對我有看法，叫杜魯門總統來給我施加壓力。我不睬他。」

「這不好！」宋美齡溫柔地說，「馬歇爾將軍是美國總統的特使，他的話對總統的對華政策是有舉足輕重的影響的。你應該主動找他談談，消除彼此之間的誤解。」

「好，我聽夫人的。」蔣介石說，「侍衛官，傳我的命令，

用我的專機去接馬歇爾將軍來廬山。」

8月15日，馬歇爾第四次赴廬山，這次是應蔣介石邀請而去的，而且還是乘的總統專機，馬歇爾心中充滿了希望。他猜想可能是杜魯門總統給蔣介石施加了壓力。

但當兩人一交談時，馬歇爾又失望了，儘管這次蔣介石的態度比以往熱情得多，還特地來他的住處詢問他的住宿和飲食是否習慣，然而一回到對國共關係處理上，蔣介石仍然堅持他的觀點，認為發展一場大規模的戰爭可以從根本上解決共產黨問題，這是一件一勞永逸的美事。

馬歇爾不願再與這位固執己見的委員長辯論，他又一次心灰意冷地下了山。

蔣介石怕馬歇爾又在杜魯門總統面前說一些於他不利的話，便在當天晚上給杜魯門回了一封信。信中說：「內戰的責任完全應該由共產黨來負。共產黨政策的目標是在以武力來攫取政權，推翻國民政府，建立統一集權政體。」

杜魯門對蔣介石的回信極不滿意，又致電蔣介石。電報說：

「對美國計畫援助中國的工業經濟和復興中國的農村改革等事，我希望能予以實現。我相信，由於迅速消除遍及各地的中國內戰的威脅，援助中國是能夠實行的。」

善於窺測行情的蔣介石這次乾脆不理會杜魯門的電報了。他已經看出來，不管國民黨政府怎麼做，美國政府都不可能拋棄他們不管。因為如果共產黨在中國得勢，美國的在華利益將

受到嚴重的損害。而且，如果中國共產黨與蘇聯聯合起來，那就會給美國在世界上的霸主地位帶來極大的威脅。他決定不理會美國政府，按自己的主意去做。

蔣介石的這一番算計一點沒錯。美國政府是決定要無條件地支持蔣介石的。只是認為，最好的辦法是和平解決國共之間的爭端。一旦在國民黨處於不利地位時，美國政府就出面幫上一把。

就在杜魯門告誡蔣介石要和平解決國共爭端的時候，美國政府的陸軍部副部長彼特森和美國國外剩餘物資清理委員會主任委員麥克勃等人卻來華與宋子文在上海商談出售美國儲存在太平洋島嶼上的戰時剩餘物資之事。

中國共產黨得知此事，即派周恩來與司徒雷登大使交涉。周恩來說：「你們要把這些軍火賣給蔣介石，無異是幫助蔣介石打我們。請大使先生制止貴國政府這種不友好的做法。」

「我一定通知有關部門，絕不做不利於國共雙方的事。」司徒雷登誠懇地說。

但是周恩來放心不下，他決定親自去上海探聽軍火出售的進展情況。

在上海虹橋機場，周恩來意外地碰見了吉倫中將。

「吉倫將軍，你好！」周恩來伸過手去。

「你好，周將軍！」吉倫緊握著伸過來的手。

「吉倫將軍是要回美國嗎？」周恩來打量了一下吉倫整齊的衣著說。

「不，我來送一位朋友。來，介紹一下，這位是美國國外剩餘物資清理委員會主任委員麥克勃先生。他是專程從華盛頓來辦出售軍火及軍用物資的手續的，現在已簽過字，正要回國。」吉倫沒有察覺到周恩來臉色的變化，只顧往下說。

周恩來氣憤不已，美國以二億五百萬美元的價格，將其八億多美元的戰時剩餘物資出售給了國民黨政府，這無疑是給國民黨軍隊的一次大輸血。

「吉倫將軍，對貴國政府的做法，我們感到失望和氣憤。自從馬歇爾將軍來中國，我們一直認為美國是主張和平的國家。現在，貴國卻在國共關係緊張的時候，將軍火賣給國民黨方面。這將有損於中美兩國人民的友好關係。」

「我很遺憾，周將軍。」吉倫兩手一攤，「我不能左右政府。」

由於美國政府在關鍵時刻是以軍火幫助蔣介石，使得蔣介石政府中的好戰分子有恃無恐，極力主張以武力解決中共。

8 月 20 日，冀東國民黨軍分兩路進攻熱河，29 日侵占承德。

8 月 23 日，國民黨以揚州方面二十五師、黃百韜部三個旅，配合以砲艦、飛機、汽艇由仙女廟水陸共同出動，向蘇皖解放區進攻。

8 月 27 日，國民黨軍開始大規模分路進攻冀東解放區，至 9 月 3 日，進攻冀東解放區的國民黨軍達 10 萬人。

只有馬歇爾還在盡責盡職地進行調停工作。當炎熱的 8 月

過去了，馬歇爾使華已達 250 天了。

「馬帥，您瘦了！」見到馬歇爾的美國朋友或是中國朋友都這樣關切地說。

馬歇爾聽了，感慨萬分，心中有說不出的滋味。

在中國的 250 天，形勢發生了戲劇性的變化。開始的兩三個月，調處進行得十分順利，以致馬歇爾本人都感到十分驚訝，中國和平與民主似乎大勢已定；可是，一個早上醒來，馬歇爾卻發現自己調處的成果已所剩無幾。

9 月分時，他想著，9 月分氣溫下降了，內戰的溫度或許也能隨之下降。他不願再回顧 8 月分勞而無獲的日子了，他寄希望於未來。人們都這樣，總認為未來比現在美好，馬歇爾也不例外。

9 月 3 日，在馬歇爾的要求下，成立了一個五人小組，以調解國共目前的衝突。國民黨方面的代表是吳鐵城與張厲生。吳鐵城時為國民黨中央的祕書長，張厲生則是國民黨政府的內政部長。共產黨方面的代表是周恩來與董必武。美國方面為司徒雷登，並任小組主席。

9 月 6 日，馬歇爾第七次上廬山見蔣介石，照例，蔣介石在仙人洞與馬歇爾舉行了會談。

這時的廬山依然是鬱鬱蔥蔥，繁花似錦，然而卻有了幾分寒意，人在其中，精神顯得清爽了許多。

「將軍，您不用親自來廬山，太勞累了。」蔣介石關切地說，「如果有急事，可打電話或電報來。」

「我怕電話裡說不明白，還是來見蔣委員長面談為好。」

蔣介石說：「我已經知道成立了五人小組，我支持他們的工作。如果中國共產黨同意五人小組實施恢復交通的協定及以前商定的停止衝突和東北軍隊重新分布的條款，並實施其中一項將規定中國共產黨領導的軍隊駐防地點的軍隊整編協定。我將同意由國府委員會解決停止衝突的軍事條款。但在停戰令發布之前，中國共產黨必須指派其國民大會的代表。」

9月10日，馬歇爾回到了南京，與周恩來討論了蔣介石的建議。

「停止衝突是要解決的主要問題。」周恩來說，「應該召集五人小組會議來解決這·重要問題。如果沒有發布停戰令的保證，共產黨就不願參加五人小組會議。」

馬歇爾當然做不了主，談判又陷入僵局。

周恩來覺得在南京已無事可做了，9月16日飛往上海，臨行前，周恩來向馬歇爾總部送交了三份給馬歇爾的備忘錄。

然而，馬歇爾只能將一個不愉快的消息告訴周恩來：在五人小組召開會議、就組織國府委員會等問題取得若干進展之前，蔣介石將不授權國民政府代表出席三人會議。

9月20日，國民黨軍隊分三路向中國共產黨的重要政治、軍事中心之一的張家口進攻。

眼看戰火燃燒得一天比一天大，馬歇爾在這個月結束的那一天很傷感地對司徒雷登說：「我真想退出調處，回到家鄉去享受清新空氣，這裡的硝煙太濃，我受不了。」

9 月分，馬歇爾的調處在瀕臨絕望的氣氛中過去了。

國民黨軍 20 萬人繼續向張家口猛烈地攻擊著。

司徒雷登奉馬歇爾的指示，來與宋子文會談，希望這位留美的博士能透過他與蔣介石的特殊關係，制止政府軍隊對張家口的進攻。

「這不能夠。」宋子文直率地說，「蔣主席已經決定奪取了張家口，再來恢復談判。」

「馬歇爾將軍也已經說了，除非停止向張家口的進攻，否則，他將退出調處，美國也將停止所有的對華援助。」司徒雷登見宋子文絲毫不考慮馬歇爾和他的意見，覺得是一種汙辱和不尊重，於是也不客氣地說。

「這個，我將把馬歇爾將軍的意見轉告給蔣主席。由他全盤考慮。」宋子文態度馬上軟了下來。

10 月 4 日，宋子文通知馬歇爾，說蔣介石要召見他。

馬歇爾以一個軍人的作風準時來見了蔣介石。

「蔣委員長，記得今年 6 月分你曾說過，張家口將留給共產黨。現在你怎麼又變了呢？」馬歇爾一見到蔣介石，就生氣地問。

「在 6 月時，提到張家口問題並沒有構成一項協議，而且共產黨也沒有接受這項建議。」蔣介石辯解說。

「這不是個協議的問題，」馬歇爾提高了聲音；「我所談的是對當時存在狀況的一項聲明。」

「我尊重將軍的意見，但是我有我的難處。」蔣介石做出一副無可奈何的樣子，「在山東、東北，政府軍被共軍包圍著，我為什麼就不可以攻擊共軍呢？」

「如果蔣委員長是這樣理解目前的戰爭的話，我的調處就沒有必要了，我一定要向總統提議將我召回。」

蔣介石不作聲，心裡卻說：別嚇唬人，你願意走嗎？

然而這次蔣介石卻算計錯了，馬歇爾的確起了回國的念頭。在結束了與蔣介石的那番不愉快的談話之後，馬歇爾就致電杜魯門總統，建議終止他的使命，並立即將他召回。

蔣介石得知馬歇爾真的致電總統要求回國，便慌了手腳，此時戰鬥正激烈，如果沒有美國人的支持，勝負是難以預料的。他趕快派人通知馬歇爾，願意停止進攻張家口五天，並請馬歇爾、司徒雷登立即來見他。

美國的特使和大使都來了。

「將軍，你不能走，」蔣介石一見到馬歇爾就說，「國共之間的衝突非你調停不可。」

「張家口停戰五天似乎少了，至少得十天，才有可能討論有關事項。」馬歇爾知道蔣介石心裡想的往往與口裡說的有很大差距，顧不得客套，一開口便把問題提了出來。

「可以。」蔣介石說，「十天內共產黨必須答應政府提出的和平要求。否則，我將集中優勢兵力，奪取張家口。」

中國共產黨方面對十天的停戰絲毫不感到寬慰，中共發言人在回答記者提問時說：「國民黨當局在進攻張家口和平漢北段

遭嚴重失敗後，願意休戰十天，乃是利用休戰重新調動軍隊，作更大規模的進攻。國民黨當局若非有意全面分裂，則應立即停止對張家口的任何進攻。否則，應負全面分裂的完全責任。」

十天的停戰期在沉悶中過去了，國共兩黨根本沒有可能坐下來談判。

10月11日，國民黨軍進占張家口。

這一天，蔣介石在異常興奮中度過。他悍然宣布，國民大會將在11月12日召開。他知道共產黨肯定是反對的，但是，到了11月，共產黨是否存在還是個問題。他毫無顧忌了。

張家口被政府軍占領之後，國共和平相處是沒有希望了，國家由此可能引發一場大規模的內戰。

10月12日早晨，民盟領導人之一的梁漱溟坐夜班車由上海回到南京，在車站上看到早報刊登著國民黨軍攻占張家口的消息，心想：完了，沒有比這更糟糕的了。

幾個記者圍上來問：「梁先生對國軍占領張家口有何感想？」

梁漱溟聳了聳肩，哀嘆一聲：「一覺醒來，和平已經死了！」

馬歇爾和司徒雷登決心做最後一次努力。他們請來了第三方的人士張君勱、羅隆基、梁漱溟、李璜等人，也將中共人士周恩來、李維漢等從上海請到了南京。而政府方面則請來了孫科、雷震等人。他們希望第三方能拿出一個讓國共雙方都能接受的建議。

張君勱、梁漱溟等人幹勁很足，一則他們希望中國消除內戰，二則認為這是他們在政治舞臺上露一手的好時機。

　　經過幾天的醞釀討論，10月28日，他們終於拿出了一個調處國共爭端的三點建議。

　　建議擬定之後，由莫德惠、張君勱、李璜、黃炎培、梁漱溟、章伯鈞、羅隆基等十二人簽字確立。然後，推定羅隆基送一份給馬歇爾；張君勱、左舜生、繆雲臺送一份給孫科；梁漱溟、李璜、莫德惠送一份給中共代表團。

　　三路人馬分頭出發了。

　　梁漱溟等人興沖沖地來到梅園，將文件交給了周恩來。然後梁漱溟再逐段跟周恩來講解。豈料未講到一半，周恩來臉色驟變，以手阻梁漱溟說：「不要再往下講了！我的心都碎了！怎麼國民黨壓迫我們還不算，你們第三方也一同壓迫我們？今天和平破裂，即先對你們破裂。十年交情從此算完。今天國民黨是我的敵人，你們也是我的敵人！」

　　「周先生，周先生……」梁漱溟一時嚇慌了，不知出了什麼差錯。

　　周恩來卻還在以悲憤的口氣說：「我們是打出來的，我們可以去打游擊，你們怎麼辦？我們是代表人民利益的，不是多一塊地方、少一塊地方的問題。蔣介石要把我們打倒在地，你們還要踩上一腳！」

　　說完，周恩來起身用力摔門而出，到門口時又回頭對梁漱溟等人說：「我是信任你們的，你們為什麼不在事先關照？」

梁漱溟、李璜、莫德惠這才想起與中共達成的協議：今後雙方如有新的打算應事先關照。

梁漱溟一時不知如何辦好。

李璜出主意說：「不要緊，趕快把文件從各方收回再說。」

梁漱溟一想，對，就這樣吧。趕快派車將黃炎培、章伯鈞和羅隆基找到梅園來商量。羅隆基迭聲地說：「收回，收回。」

於是，莫德惠、李璜、黃炎培、羅隆基四人分坐四輛小轎車直奔孫科公館。

當小轎車在公館前停下時，只見國民黨軍政要員正紛紛歸去，顯然已就第三方的方案開過會了。

國民黨宣傳部長彭學沛與羅隆基是小同鄉兼老同學，彼此非常熟，一見面便打招呼說：「你們的方案我們已報告了蔣主席，主席亦同意了。」

「哦，是嗎？」羅隆基不露聲色，問他：「孫院長還在家嗎？」

「還在，一會兒他要去蔣主席那裡了。」彭學沛說完，便乘車走了。

羅隆基趕快跑了進去。

孫科見了羅隆基等人，頗為高興地說：「不錯，你們的方案很不錯。」

黃炎培在一旁以一種遺憾的口吻說：「好是很好，可惜我們還漏抄了一條。」

「哦？很重要嗎？」孫科信以為真。

「重要，要緊極了！」黃炎培趕快說。

孫科一邊從衣袋中將文件拿出來，一邊說：「是什麼樣的一條？」

「這個，是……」黃炎培接過文件，卻回答不出來。

「你如果一時想不起來，就另抄一條送來好了！」孫科並不在意。

羅隆基很自然地從黃炎培手裡接過文件，說：「這種文件怎能補抄一條呢？還是趕快回去另謄寫一份送來吧！」

另外三個人連忙附和說：「對！對！對！」

取了文件，四個人匆匆而去。

孫科覺得他們有些古怪，等到有了幾分疑心，他們早乘車走了。

接著，羅隆基又乘車去馬歇爾處。幸好馬歇爾未曾歸來，羅隆基就從他的祕書那裡取回了尚未啟封的文件。

莫德惠、李璜、黃炎培、羅隆基四個人成功地取回了文件，來到梅園，將文件讓周恩來過目。周恩來的怒火這才平息下去。

周恩來對第三方的方案為什麼如此不滿呢？

原來，這個方案裡規定了關內關外中共軍隊的駐地，而對國民黨軍隊卻沒有規定駐地，這就等於說，政府軍可以隨意調動，想上哪裡就上哪裡，這對共軍當然是個威脅。另外，方案

還規定政府派縣長和警察接收共方 20 個縣，這對中共也不利。

經過這場風波，第三方意識到自己不適於作調解人，便決定退出調解。

11 月 11 日，蔣介石突然宣布：延期三天召開國民大會。

原來，這個國民大會遠不如一年前在重慶召開政治協商會議時受人注目。昨天，中共方面的權威人士在答記者問時已經表示：「片面規定在 11 月 12 日召開的國大，一定應該停開，否則，一定要造成分裂的局面，這一種政治上的分裂，一定會影響軍事方面。」「國大開會的日期必須由政協協定，片面延期也等於片面規定召開日期，假使作片面的延期，中共也不同意。」

很明顯，中國共產黨是要抵制這次國民大會了。

於是，蔣介石希望爭取第三方參加國民大會，否則，「一黨國大」於面子上也甚無光彩。

為此，國民黨派出說客四處活動，對第三方進行分化，誘壓第三方參加「國大」。

12 日中午，第三方在交通銀行開會，討論是否參加國民大會的問題。中共方面周恩來、董必武、鄧穎超、李維漢出席了這個會。

章伯鈞、沈鈞儒在會上說：「國民黨單方面宣布召開國民大會，也不跟我們商量，根本不把我們放在眼裡，我們不去參加。」

青年黨的左舜生譏諷說：「甚矣哉！尾巴之不能當也！」

另一青年黨領袖陳啟天也說：「寧為雞首，不為牛後。」

　　周恩來當即站起來反駁說：「牛吃的是草，擠的是奶，造福人類，雞最可恥，只知搶糧食吃。共產黨就是要俯首甘為孺子牛。」

　　由於周恩來等中共代表作了大量細緻的思想工作，民盟終於決定不參加國民大會。民盟主席張瀾代表民盟向記者聲明：

　　「民盟立場是要調和國共關係，爭取和平、民主、達到統一。目前，即使第三方提了國大代表名單，不但不能促進中國的和平、民主、統一；相反，更會造成糾紛，使得將來連第三方也沒有了。所以民盟絕不參加一黨國大。」

　　蔣介石聽說民盟跟著共產黨一起抑制國民大會，大為惱怒：「民盟也與我作對，將來沒有他們的好結果。」

　　民盟是第三方的中堅力量，由於他們的缺席，國民大會實際上是一黨參加的會議了。

　　11月15日，國民大會在冷清的氣氛中開幕了。

　　中共方面冷眼相看，周恩來代表中共發表聲明說：「和談之門已被國民黨當局一手關閉了。現在開幕的國大，不但使中共及第三方最近在商談中的協議成為不可能，並且最後破壞了政協會議以後的一切決議、停戰協議與整軍方案，隔斷了政協會議以來和平商談的道路，同時也很快地徹底揭穿了政府當局11月8日『停戰令』的欺騙性。」

　　11月19日，在秋風瑟瑟、落葉飄零的南京機場，周恩來一行15人登上了回延安的飛機。

馬歇爾不顧身體的不適，執意來到機場為周恩來送行。

「馬歇爾將軍，11 個月前的今天，我在重慶迎接了您的到來。11 個月以後，您卻在南京送走了我。」周恩來緊緊握著馬歇爾的手，不勝感慨。

「我覺得這 11 個月來，我老了許多許多。」馬歇爾神情沮喪地說。

「中國有句古話，叫做『天若有情天亦老』，國民黨的失敗是注定了的。」周恩來說。

「這一點我已經跟蔣委員長預言過，可他不相信。」馬歇爾苦笑著。

「不管怎麼說，您在完成您的使命中即使沒有功勞、也有苦勞！我們共產黨人是不會忘記您的。」周恩來似乎是在寬慰這位勞而無獲的將軍。

「我已經把橄欖枝拿到了國共兩黨中間了。可惜，沒有人願意接。」馬歇爾不無遺憾地說。

周恩來不想在分手時與馬歇爾爭論國共兩黨的是非問題，他真誠地對馬歇爾說：「讓我們做個朋友吧，彼此都不忘記。」

「好！我們再見！」

周恩來乘坐的飛機在天空中消失了，馬歇爾佇立在機場上，感到一種深深的失落和淒涼，他明白，自己也該走了，使命已經結束了。

回到寓所，馬歇爾發了一份電報給艾森豪威爾：「請告『主

人』，我即返『松林』。」

這裡的「主人」即總統，「松林」則是國務卿的職位。

他終於帶著憂憤和哀傷作了回國的打算。

1947 年 1 月 6 日，馬歇爾接到杜魯門總統的命令，召他回國接替貝爾納斯的國務卿職務。

當天下午，他將消息告訴了蔣介石。

蔣介石深表惋惜地問道：「將軍願不願意留下來當我的私人最高顧問？」

「這，恐怕不行。」馬歇爾婉言謝絕說，「杜魯門總統已經給我任命了新的職務。」

「哦，是這樣。」蔣介石有幾分遺憾，「以後有空，歡迎將軍常來中國。」

「我會的。」馬歇爾答應著，他這時覺得蔣介石還是很重感情的一個人。

1 月 8 日晚，南京機場燈火輝煌。蔣介石和夫人宋美齡、國民黨政府的軍政要員、中共方面的代表、司徒雷登大使及其他方面的人士都趕到機場為馬歇爾送行。

彼此似乎都沒有什麼更多的要說，機場上的氣氛沉悶得很。

7 點整，馬歇爾的專機起飛了。馬歇爾向送行的人們不停地揮手，然後進入機艙。貼著窗口，他最後看了一眼底下燈火點點的南京城。「不堪回首！不堪回首！」馬歇爾痛苦地閉上

眼睛。

1 月 21 日，馬歇爾在華盛頓宣誓就任國務卿。

1 月 29 日，美國國務院向新聞界發表一項公告，宣布美國決定結束與三人小組和軍調部的聯繫，美方人員將盡早撤出。

2 月 27 日，國民黨政府通知中國共產黨駐南京、上海、重慶三地代表團的全體代表以及工作人員，限令在 3 月 5 日前撤回延安。

3 月 7 日，董必武在離開南京時，發表了頗帶感情色彩的演說：

「必武等今天離此，感慨莫名。10 年來從未斷絕之國共關係，從此斷矣。觀此一舉動，系企圖配合政府之改組，藉以鼓勵士氣，鎮定人心。戰事顯將繼續，人民之災禍必將更大更深。目前雖戰禍蔓延，中共黨員，仍將一本初衷，竭力為和平民主奮鬥到底。當茲握別之際，必武等願以此與全國一切愛好和平民主人士共勉。」

這是中共代表在國統區公開發表的最後一篇談話。

隨後，國民黨政府宣布，「以後如發現中共黨員，即作為匪徒間諜治罪。」

和平的橄欖枝被粗暴地折斷了，蔣介石選擇了戰爭。

蔣介石兩面三刀

重慶的最高級談判，並沒有驅散籠罩在神州大地上空的內戰烏雲。

蔣介石一面與毛澤東握手言歡，一面向他的部下發出搶占策略要地、攻戰解放區的密令。

於是，兩幅色彩完全不同、極不和諧的畫面，同時出現在世人的眼前。

臺上，鑼鼓喧天，和談之劇，正演得有聲有色；臺下，槍炮齊鳴，兩軍對壘，正打得難解難分。

和與戰，談與打在 960 萬平方公里的土地上並存。

1945 年 9 月 20 日。

正當國共兩黨在重慶的談判陷入僵局之時。國民黨各戰區的司令長官收到了蔣介石發自重慶的一份絕密電報。電報說：

目前與奸黨談判，乃係窺測其要求與目的，以拖延時間，緩和國際視線，俾國軍抓緊時機，迅速收復淪陷區中心城市。待國軍控制所有策略據點、交通線，將日軍完全收降後，再以有利之優越軍事形勢與奸黨作具體談判。如彼不能在軍令政令統一原則下屈服，即以土匪清剿之。

這真是一份難得的重要文件，它把蔣介石的真實意圖不加掩飾地和盤托出。與他在公開場合的所有言論相比，其價值無疑要大得多。

讀過這份密電，用不著作任何解說，人們都能看出，蔣介石玩的正是「臺上握手，臺下踢腳」的把戲，亦即共產黨人所說的「反革命的兩手」。

對蔣介石來說，在重慶與毛澤東握手言和，只是表面文章，只是一種手法。

另一種手法，也是主要的手法，則是抓緊時機調兵遣將，搶占策略要地，取得軍事上的有利地位，或迫使中共在談判桌上屈服，或以武力打垮中共。

兩種手法，形式上雖有「臺上」、「臺下」，「左手」、「右手」之分，實際上卻相輔相成，為的是達到同一個目的，即最終消滅中共及其領導的革命力量。

不過，如同在談判中弄巧成拙一樣，蔣介石要取得軍事上的有利地位，並不容易。

抗日戰爭時期，由於蔣介石採取了消極抗戰、保存實力的政策，他的大部分嫡系部隊駐守在華北、華中抗日前線的大西南和大西北。

日本突然宣布無條件投降，使蔣介石措手不及。要搶占華北、華中的策略要地和交通幹線，客觀上遇到了很大的困難。

面對困境，蔣介石雖然頗傷腦筋，卻並不氣餒。日本投降的消息一傳出，蔣介石便迫不及待地以「受降」為名，日夜忙碌，調兵遣將，馬不停蹄地向華北、華中推進。

鞭長莫及，困難重重。蔣介石不得不求助於美國人。美國政府為了支持蔣介石控制全中國，不惜耗費重金，動用在華的

全部現代化運輸工具，為蔣介石運兵。

蔣介石一聲令下，國民黨的軍事機器迅即開動起來。從 8 月中旬開始，百萬大軍便經海、陸、空三條管道，浩浩蕩蕩地湧向華北、華中各地。

打開國民黨統帥部使用的軍用地圖，便能清楚地看到，一支支藍色的箭頭正由西北、西南的各個地方指向華北、華中的各個策略要點、各條鐵路線。

在司令長官閻錫山的直接指揮下，國民黨第二戰區出動了 7 個軍，以主力進占了同蒲鐵路沿線，一部進入中共領導的以長治為中心的晉東南解放區，即上黨地區。

在十二戰區，擔任司令長官的傅作義出動了 6 個軍，在奪取了歸綏、集寧等城市後，又沿平綏鐵路東進，矛頭直指晉察冀解放區的首府張家口。

第一戰區的司令長官是蔣介石的心腹大將胡宗南。在八年抗戰中，這個「西北王」奉命以數十萬大軍包圍封鎖陝甘寧邊區，對日軍則甘願沉默。

如今，他卻一反常態，表現得特別積極，一下子出動了 8 個軍，以主力東出潼關，沿隴海鐵路東進；一部北渡黃河，沿同蒲路進至臨汾以北，準備通過石太線，東出娘子關，進占石家莊等地。

第十一戰區的司令長官孫仲連雖非蔣介石的嫡系將領，也在蔣介石的驅使下，指揮 3 個軍，沿平漢鐵路北上，計畫與胡宗南部會合後，占領平津等地。

第十一戰區的副司令長官李延年，率領 3 個軍進占了商丘、徐州、濟南一線。

擔任第十戰區的司令長官即原桂系大將李品仙，出動了 2 個軍。他的任務是進占蒲口、蚌埠，並準備與徐州的國民黨軍接通聯繫。

此外，第五、第七、第九戰區的劉峙、余漢謀、薛岳等諸位大將，也奉命分別進攻位於中原和湘粵邊境的新四軍第五師及八路軍南下支隊。

與此同時，蔣介石的嫡系精銳部隊 5 個軍，則乘坐駐華美軍的飛機、軍艦，直接從大西南開往南京、上海、北平、天津等大城市，以接應由陸上沿鐵路線開進的國民黨軍各部。

蔣介石如此興師動眾，公開的理由是為了接受日軍投降，收復被日軍侵占多年的失地。

然而，凡是了解當時情況的人都知道，華北、華中的日軍及日偽占領的城市和交通線早就處在八路軍、新四軍解放區的包圍、控制之中。

如果蔣介石下一道命令，讓日偽軍就地向八路軍、新四軍投降，那麼，中共領導的解放區軍民即可迅速圓滿地完成大部分地區的「受降」任務。

可惜，蔣介石卻沒有這樣大的肚量，他也絕不會讓任何成熟的桃子落入中共和人民軍隊的手中。

他也確實給八路軍下過命令，但內容卻是要八路軍「應原地駐防待命」，也就是不允許八路軍「受降」。

蔣介石不單是要捆住八路軍、新四軍的手腳,阻止解放區的擴大,他還有更長遠的打算。他要乘國民黨「積極推進之際」,侵占更多的解放區,把中共軍隊逼到窮鄉僻壤,或使之坐以待斃,或一舉「剿滅」之。蔣介石精心策劃,周密部署,用心良苦,自以為穩操勝券。然而,中共及其領導的革命武裝並非他的囊中之物,取之易如反掌。他也過於健忘,忘記了歷史的教訓,一廂情願地把毛澤東看成是容易上當受騙的對手。

　　毛澤東在延安發表的著名的題為〈抗日戰爭勝利後的時局和我們的方針〉的演說中毫不含糊地告訴中共全黨和全國人民:

　　「現在蔣介石已經在磨刀了,因此我們也要磨刀。蔣介石一定要打內戰,我們就只好拿起武器和他作戰,以自衛戰爭粉碎他的進攻。對於蔣介石的政治欺騙,必須徹底揭露,絕不上當受騙。蔣介石對於人民是寸權必奪,寸利必得。我們呢?我們的方針是針鋒相對,寸土必爭。」

　　毛澤東和蔣介石,真可謂「針尖對麥芒」,水火不相容。既然如此,蔣介石的精彩把戲就很難順利地表演下去。

　　果然,不但在重慶的談判陷於僵局,蔣介石未能得到他所需要的東西,而且他的軍隊在華北和華中的推進也遭到了頑強的抵抗。

偷雞不成蝕把米

抗戰勝利後激烈的軍事對抗，首先在太行山地區爆發。

當蔣介石挑起內戰，向解放區進攻的時候，閻錫山充當了急先鋒。

被稱為「山西土皇帝」的閻錫山，1911 年 10 月武昌起義後，他也在山西舉起義旗，響應革命。山西光復後，他被推選為「都督」。有了權勢，閻錫山變成了與過去完全不同的另一個人。革命，成了過去的事，他現在關心的只是如何保住和擴大自己的權勢。

辛亥革命後，閻錫山投靠了袁世凱，他在山西的「統治」也逐漸穩固。

袁世凱去世後，北洋軍閥群雄並起。閻錫山身處夾縫，感到事情難辦，但他十分精明狡猾，力求生存與發展。

他使出渾身解數，縱橫捭闔，亂中漁利。他時而聯奉倒直，時而聯直反馮。他今天聯蔣討奉，明天則聯馮倒蔣。他千方百計加強對山西的控制，拒其他各派政治、軍事勢力於省界之外。

他也受過挫折。中原大戰的失敗，閻錫山一度被迫亡命大連。然而，沒有多久，他又捲土重來，重新登上「山西土皇帝」的寶座。總之，在中國近現代歷史上，閻錫山稱得上是一個特殊的人物。「三朝元老」、「不倒翁」、「山西王」、「閻老西」等等，人們常常這樣稱呼他。

不過，這個運氣一直很好的山西王，抗日戰爭中卻倒了大霉。

　　抗戰不到一年，就被日本人端了他的老巢太原，並占領了山西各鐵路線的大部分重要城鎮。

　　當時他的日子雖然不好過，卻還不算太慘。

　　他與挺進山西敵後抗日的中共及其領導的八路軍還保持著較好的合作關係，還有較大的迴旋餘地。

　　然而，未隔多久，這個反覆無常的山西土皇帝秉承蔣介石的旨意，大搞反共「磨擦」，結果遭到了八路軍的痛擊。

　　除了日軍占領的點和線，山西大部分鄉村都成了中共領導的抗日根據地，留給閻錫山的，只剩晉西一隅。「土皇帝」的寶座自然也就不復存在。

　　閻老西偷雞不成，反蝕了一把米。八路軍在教訓過他以後，也並未將其置於死地而後快，仍與他和平共處，聯合抗日。但閻錫山卻不知痛改前非，反而進一步追隨蔣介石，窺測時機，進行各種反共活動。

　　日本投降以後，閻錫山回到了太原，並從日軍手中接收了山西的許多重要城鎮。於是，他又變得神氣起來，更加忘乎所以，妄圖重溫山西土皇帝的美夢。

　　可是，時過境遷，與抗戰前相比，山西早已面目全非。大部分地區成了中共領導的解放區。對此，閻錫山感到懊喪，卻又不肯善罷甘休。

　　恰好，蔣介石要他「收復失地」，進攻解放區，並表示給他

撐腰。

這正中他的下懷。於是，過去畏敵如虎的閻錫山毫不遲疑地調兵遣將，進攻的予頭指向解放區。

閻錫山選中的第一個重要目標，就是以長治為中心的上黨地區。他命令他的大將之一、第十九軍軍長史澤波，率 4 個步兵師和 1 個挺進縱隊，氣勢洶洶地向上黨地區撲來。

從 8 月中旬開始進攻，到 8 月下旬，史澤波的部隊便乘八路軍主力一時未能顧及之機，先後占領了襄垣、潞城、長子、壺關、屯留等城，控制了上黨地區。

上黨地區，古稱上黨郡，地處太行山、太岳山、中條山之間，四面高，中間低，很像一個大腳盆。抗日戰爭時期，它成了八路軍第一一九師創建的晉東南抗日根據地的中心區域。當時，除長治等少數縣城為日占據，廣大的鄉村和小城鎮均為八路軍所控制。整個地區沒有國民黨的一兵一卒。

抗戰勝利後，蔣介石、閻錫山之所以迫不及待地起來奪取這個「腳盆」，目的是以此為基地，進一步侵占整個晉東南解放區。

確實，史澤波的進攻，就像在中共解放區的心腹插進了一把尖刀，造成了很大威脅。

從 8 月底開始，中共中央軍委和毛澤東便多次電示晉冀魯豫軍區領導人，必須集中主力，拔掉史澤波這個釘子，收復上黨地區以消除晉東南解放區的心腹之患。

9 月初，剛從延安歸來不久的晉冀魯豫軍區司令員劉伯承、

政委鄧小平，決定遵照延安的指示，立即發起上黨戰役，給蔣介石、閻錫山一個迎頭痛擊。

現在，由劉伯承親自指揮即將揭幕的上黨戰役，可以預料，史澤波也好，史的頂頭上司閻錫山也好，恐怕都不是劉伯承的對手。

對打好這一仗，劉伯承當然有充分的信心。不過，進行具體部署時，他仍然十分謹慎。在鄧小平的協助下，他決定抓住史澤波孤軍深入、守備分散的弱點，集中晉冀魯豫軍區的 3 個主力縱隊和一部地方部隊，以 3 萬正規軍和 5 萬民兵相配合的優勢兵力對付只 1.7 萬多人的國民黨第十九軍。

劉伯承的作戰計畫是：輪流以主力一部由北向南各個擊破分散守備的敵軍，逐次奪取長治外圍各城；同時以大部主力配置於機動位置，準備在野戰中殲滅由長治出援的敵軍主力，爾後攻取長治城；在進攻長治城時相機殲滅來自太原、平遙的援軍。整個計畫的核心是「圍城打援」。

這個計畫形成後，立即向延安的中央軍委、向在重慶的毛澤東、周恩來作了報告。

密切地注視著全國時局發展的毛澤東深知，蔣介石之所以不肯認真談判，倚仗的就是他的軍事優勢。因此，只有在軍事上擊退國民黨軍的進攻，打掉蔣介石的囂張氣焰，才能使他真正坐下來談判。會場與戰場雖然遠隔千里，卻緊密相連，打得好，才能談得好。

因此，毛澤東迅即覆電，同意劉伯承擬定的上黨戰役作戰

方案。

批准的電報發到太行山。劉伯承立即果斷地將作戰計畫付諸實行，命令各參戰部隊迅速集中，向上黨地區開進。9 月 10 日，戰幕正式拉開，經過 10 天的激烈戰鬥，劉伯承指揮部隊先後攻克了屯留、潞城、長子、壺關諸城，全殲了長治外圍各城的國民黨守軍七千多人，截斷了長治城與太原、平遙的聯繫，孤立了長治守軍。期間，狡猾的史澤波曾命令長治守軍兩度出援，但一和中共打援部隊接觸，即因害怕被殲滅而迅速縮回。

9 月 20 日，劉伯承命令部隊圍攻長治城，開始執行第二步計畫。

長治危在旦夕。史澤波急電閻司令長官派兵救援。

戰役開始後閻錫山一直坐鎮太原，密切注視著戰局發展。

起初，他心裡篤定，認為八路軍裝備低劣，攻不下堅固設防的長治城。

接到史澤波的求救電報後，才知道大事不妙。第十九軍原是他嫡系，現已陷於重圍，他不能不救。

兵貴神速。閻錫山一面電令史澤波固守待援，一面派第七集團軍副總司令彭毓斌，率領第二十三、第八二三軍和改編的省防軍 2 個師，立即出發，火速沿白晉線南下赴援，急解長治之圍。

部署完畢，閻錫山很得意，心想：我這麼多部隊壓下去，看你劉伯承有什麼辦法？他沒有料到，此著正中劉伯承的「圍城打援」之計。

9 月 24 日，劉伯承獲悉敵援軍南下，十分高興。他立即調整部署，以冀南縱隊和一部分地方武裝繼續圍困長治，吸引援敵，調主力太行縱隊、太岳縱隊北上，求殲敵於運動之中。

　　強將手下無弱兵。

　　劉伯承指揮作戰，向來英勇果斷，他的部下也不含糊，個個能攻善守。

　　將軍一聲令下，各路人馬立即以排山倒海之勢，冒雨向援敵撲去。

　　10 月 2 日，便將國民黨的援軍全部包圍在老爺嶺附近地區。

　　合圍以後，劉伯承才發現，由於情報出了差錯，被圍的國民黨援軍並不是原來估計的 3 個師七千人，而是 8 個師二萬餘人。

　　好傢伙，這麼多！劉伯承不由得暗暗高興，又暗暗吃驚。

　　高興的是，圈住了這麼多的敵人，真是意外的收穫；吃驚的是，原先布下的網太小了，弄得不好，魚未死，網先破了，這可有點危險性。

　　情況有變，必須立即調整部署，不讓一個敵人跑掉，不讓一條大魚漏網。

　　劉伯承當機立斷，急調圍困長治的主力冀南縱隊北上參戰，僅留部分地方武裝在長治城外監視敵人，待全殲援軍後，再來對付長治守敵。

　　部署就緒後，劉伯承命令各縱隊向被圍敵軍發起總攻擊。激戰不到兩晝夜，到 10 月 6 日止，閻錫山的南下援軍二萬多人，除兩千人突圍逃脫外，悉遭殲滅。指揮官彭毓斌被擊斃，數十名高級軍官就擒。

　　援軍被殲，震動了長治守軍。史澤波眼看待援無望，遂決定棄城向西突圍，妄圖死裡逃生。

　　劉伯承獲悉長治之敵突圍逃跑，除命令圍城部隊跟蹤追擊外，又急令太岳縱隊日夜兼程火速向西南方向進行阻止。

　　10 月 12 日，該部終於抓住逃敵，將其全殲，並生俘第十九軍軍長史澤波，結束了抗戰勝利之後國共兩黨的第一次正式交手。

　　在這次戰役中，晉冀魯豫軍區部隊以傷亡四千人的代價，獲得了殲敵 11 個師及 1 個挺進縱隊三萬餘人，繳獲山炮 24 門、機槍 2,000 餘挺、長短把槍 1.6 萬支的大勝利。

　　噩耗傳到太原，閻錫山氣急敗壞，如喪考妣；報告送達重慶，蔣介石如同挨了一記悶棍，心中雖然十分惱火，卻因理虧而不能發作。

　　為了對付輿論的譴責，蔣介石等人把責任一股腦兒推到閻錫山身上，狡辯說，這是閻錫山自己作主做的事，「中央」並不知道。

　　儘管蔣介石拚命推卸責任，聲稱重慶與閻錫山的魯莽行動無關，但上黨戰役的結果卻直接地影響了重慶的談判。

　　就在劉伯承久圍長治不克、閻錫山派出大批援軍南下的時

候，蔣介石對戰局的發展尚存極大幻想。

中共方面雖一再催促，蔣介石卻遲遲不肯在已經擬就、並經過商討已基本達成協議的《會談紀要》上簽字。

他盼望著閻錫山能把劉伯承打敗，以便挾戰勝之餘威壓迫中共做出更大的讓步。

可是，10 月 6 日之後，當他得悉彭毓斌的兩萬軍隊全軍覆沒時，蔣介石再也坐不住了，趕快派人到紅岩村找周恩來聯絡，表示要盡快在協定上簽字。

顯然，戰場上的失敗逼得蔣介石不得不稍微收斂一下囂張氣焰，重新坐到談判桌上來。事情果如劉伯承在上黨戰役動員會上所說：

「我們這裡的仗打得越好，勝利越大，毛主席在談判桌上的話說得越有力量。」

平漢線未雨綢繆

蔣介石雖然挨了劉伯承的一記耳光，卻只傷了一些皮肉，失了一些臉面。上黨戰役中被消滅的只是閻老西的雜牌軍，並不是他的嫡系部隊。

蔣介石和他的將軍們都把失敗歸咎於閻錫山的無能。

他們認為，如果是中央軍上陣，絕不會如此窩囊。他們沒有從上黨戰役中吸取教訓，停止對解放區的進攻。

10 月 13 日，《雙十協定》的墨跡未乾，蔣介石又向國民黨各個戰區發出密令：

查抗戰勝利，日寇投降，亟應從速建設以完成大業，乃奸匪竟乘機侵入城市，破壞交通，若不速予剿除，不僅八年抗戰前功盡失，且必遺害無窮，使中華民族光復無望，我眾將士何以對危難之同胞，更何以對陣亡之將士？貴長官所部自抗戰以來，迭著勛功，黨國倚為長城，中正尤寄厚望。此次剿共為人民幸福之所繫，務本以往抗戰之精神，遵照中正所訂剿共手本，督勵所屬，努力進剿，迅速完成任務，其功於國家者必得膺賜，其遲滯貽誤者當必執行以罪，希轉達所屬剿共部隊官兵一體悉尊為要。

這份密電比 9 月間所發的那份更有「價值」，它把蔣介石蓄意發動內戰的真實面目暴露無遺。

蔣介石不但徹底地拋棄了所有的偽善之詞，復稱中共為「奸匪」，而且重新吹起「剿匪」、「剿共」的進軍號。

為了驅使國民黨官兵充當剿共戰爭的炮灰，他又拉又打，又是鼓氣，又是威嚇。

　　誰能相信，這份密電竟是在以和平、民主為主要內容的《雙十協定》公布後第二天發出的？

　　在發出這封密電的同時，十年內戰時期由蔣介石親自擬訂、抗戰勝利後予以重印的《剿匪手本》也被運往國民黨各個戰區，分發到官兵手中。

　　這個所謂的《剿匪手本》以「赤匪不滅，軍人之羞」的警句開頭，向國民黨官兵兜售「剿匪」祕訣，而所謂的「祕訣」就是要在國民黨軍隊中實行「連坐法」，即「班長同全班退則殺班長」，「班長不退而全班退，以致班長陣亡，則殺全班兵座。」

　　以此類推。這個連坐法一實行，就在全軍之中，人人似刀架在頭上，似繩子縛著腳跟，一節一節，互相顧瞻，連坐牽扯，任何人亦不能脫身。

　　蔣介石企圖用如此殘忍的手段，逼國民黨軍士兵為他的「剿共」內戰賣命。

　　但是，十年內亂的歷史已經證明，《剿匪手本》非但不能成為蔣介石取勝的法寶，相反，倒成了他發動內戰的罪證。

　　一手簽訂《雙十協定》，一手大發「剿匪」密令和《剿匪手本》，蔣介石就是這樣肆無忌憚地愚弄著億萬中國人民，愚弄著世界輿論！

　　在蔣介石的嚴屬督促下，從 10 月 14 日起，國民黨第十一戰區副司令長官高樹勛、馬法五又率領第四十、第三十、新編

第八軍共 7 個師採取並列重疊配置，分成左、右兩路，自河南新鄉沿平漢鐵路北進。

蔣介石給他們下達的任務是：先占領邯鄲，與沿石太線西進、先期到達石家莊的第三、第十六軍會合，然後繼續北進，與空運到北平的第九十二、第九十四軍會師，最後達到完全控制平漢路，分割晉察冀、晉冀魯豫兩大解放區的目的。

這一著十分厲害。

如果蔣介石的陰謀得逞，將對華北的兩大解放區造成極大威脅，甚至會使整個華北乃至全中國的形勢逆轉，使《雙十協定》成為一張空文。

面對新一輪的挑釁，延安方面當然不會坐以待斃。就在蔣介石積極部署這次進攻的時候，毛澤東已從重慶返回延安。軍情緊急，他顧不得旅途的疲勞，立即與中共中央其他領導人商量對策。

10 月 12 日，毛澤東剛回到延安的第二天，便起草了一份發給劉伯承、鄧小平的電報。電文說：

我們阻礙和遲滯頑軍北進，是當前嚴重的策略任務。我太行及晉冀魯區可集中 6 萬以上主力，由劉鄧親自統一指揮，對付平漢路北進頑軍，務期殲滅其一部至大部。

電報發出以後，他仍感到不大放心，實因這一戰役關係重大。打不好，蔣介石的氣焰將更加囂張。於是，10 月 17 日，毛澤東又致電以鄧小平為書記的晉冀魯豫中央局，再次強調：

在你們領導下的一切力量，除以太岳全力展開同蒲路的

作戰，爭取應有勝利外，必須集中太行與晉冀魯豫全力，爭取平漢戰役的勝利。即將到來的新的平漢戰役，是為著反對國民黨主要力量的進攻，為著爭取和平局面的實現。這個戰役的勝負，關係全局，極為重大。望利用上黨戰役的經驗，動員太行、晉冀魯豫兩區主力，由劉伯承、鄧小平親臨指揮，精密組織各個戰鬥，取得第二個上黨戰役的勝利。

毛澤東如此重視即將開始的平漢戰役，劉伯承、鄧小平當然不敢懈怠。

他們也完全懂得，這一仗能否打好，不是晉冀魯豫一個解放區的事，關係到全國的形勢，關係到國共兩黨之間的鬥爭。因此，接到延安的電報後，他們立即著手，組織力量，制定作戰計畫。

劉伯承、鄧小平集中了 3 個主力縱隊和 3 個軍區的地方武裝，而且動員了 10 萬民兵配合作戰。劉、鄧的決心是：務必將猖狂北進的國民黨軍殲滅在邯鄲以南、漳河以北的滏陽河套地區，絕不讓他們占領邯鄲，更不讓他們在華北大地上為所欲為。

邯鄲，平漢路上的這個重鎮，戰國時期曾是越國的都城，如今則是晉冀魯豫解放區的首府。蔣介石要打通平漢線，分割解放區，邯鄲便首當其衝，成為國民黨軍隊的第一個進攻目標。

蔣介石是下了狠心的。當然，成功與否，並不取決於他的主觀願望。

毛澤東、劉伯承也下了決心，絕不讓蔣介石陰謀得逞。劉伯承在給參戰人員作動員報告時說：「我們一定要使蔣介石的如

意算盤變成『黃粱一夢』。」

也真是無巧不成書。歷史上關於「黃粱一夢」的故事恰好發生在邯鄲。

據唐代沈即濟的〈枕中記〉說：有一名叫盧生的人，在邯鄲的旅店裡遇到道士呂翁。盧生自嘆窮困，道士便借他一個枕頭，說枕了就會稱心如意。這時店家正煮小米飯。盧生夢入枕中，享盡了榮華富貴。然一覺醒來，店家的小米飯還未煮熟。如今，在邯鄲北還有一個小車站叫「黃粱夢」，車站附近還有一個盧生廟和呂翁廟。

劉伯承利用這個歷史傳說，意在嘲諷蔣介石。果然，這一戰役使劉伯承的話變成了現實。

劉伯承採取了誘敵深入、以逸待勞的戰術。

他首先指揮第一縱隊和晉冀魯豫軍區部隊在民兵的配合下，不斷地襲擾和逐次阻擊敵人，誘敵並將其遏止於邯鄲以南的馬頭鎮、磁縣之間，劉伯承突然命令早就埋伏在該地區的第二、第三縱隊和冀南、太行軍區部隊一齊出動，會同擔任阻擊的第一縱隊和冀魯軍區部隊，迅速將敵人團團包圍。

國民黨軍隊發覺中了劉伯承的奸計，知道情況不妙，急忙收縮。他們一面趕築防禦工事，準備頑抗；一面急電重慶，要求救援。

坐鎮重慶指揮的蔣介石起初十分得意。高樹勛、馬法五部進展迅速的電報不斷傳到他的最高統帥部，使他深受鼓舞。可惜好景不長。

3 個軍同時被圍的消息使他一下子傻了眼。他不敢遲疑，趕快電令駐石家莊的第十六軍和駐安陽的第三十三軍增援被圍部隊。

對於敵軍的增援，劉伯承早有準備。他立即調太行軍區部隊協同晉察冀某部阻擊由石家莊南援之敵第十六軍。同時加強阻援力度，阻止和拖住由安陽北援的第三十二軍。

在延安的毛澤東也在密切關注戰況的變化。當他獲悉國民黨南北援軍出動的消息後，為確保戰役勝利，也電令在山西的部隊趕到平漢線附近，援助劉伯承。

由於阻援部隊頑強作戰，直到整個戰役結束，國民黨的南北援軍始終未能接近被圍部隊，蔣介石的增援計畫完全落空。

擋住了援敵，劉伯承便集中主力，向被圍部隊發起攻擊。與此同時，為盡快解決戰鬥，劉伯承、鄧小平又加緊工作，爭取國民黨第十一戰區副司令長官兼新八軍軍長高樹勛率部起義。

內戰前線舉義旗

高樹勳陷入了兩難境地。

9月底，國民黨第十一戰區3個軍齊集新鄉，準備向北推進。高樹勳暗自思忖：磁縣至高邑的平漢鐵路已全部由八路軍控制，孫連仲要打通平漢鐵路談何容易？既然自己和八路軍有了聯繫，不如先甩開第三十軍、四十軍，自己單獨率新八軍北進，到石家莊去受降，之後投奔冀察邊區。主意一定，他立即寫了一封信給劉伯承：

伯承吾兄大鑑：頃奉覆函及王定南同志歸來，警悉吾兄對弟之愛護之誠。當此日寇已經投降之時，全國正需真正之團結，以建立現代之民主國家。如仍以法西斯來統治，必將走到滅亡之路。弟部奉命挺進石家莊，請兄通告貴方，沿途駐軍勿生誤會為盼，未盡事宜，由王同志代達。

弟高樹勳手啟10月1日

信畢，高樹勳找來王定南，把信中不宜寫的事項仔細作了交待，之後要他速去找八路軍聯繫。與此同時，高樹勳又電告尚在北京的孫連仲，告之準備率新八軍和河北民軍先行北上。

10月3日，王定南帶著高樹勳給劉伯承司令員的信來到了河南汲縣塔崗情報站，轉交了信函並詳細陳述了高部意圖，情報站人員立即電告劉、鄧。劉、鄧雖同意高部單獨北上，但中央軍委從大局著想，指出高部如過早北進，不管其主觀願望如何，事實上將會造成接引和掩護國民黨軍北上，且可能成為冀

中、冀東、平津一帶偽軍、偽警的集結中心，故應與高商量盡量延後北進。

劉、鄧迅速將這一指示精神轉告了爭取高部的工作人員，並及時送達到高樹勛手中。

再說，孫連仲接到高樹勛的電報後，疑心頓起，但他素以圓滑著稱，並不直接拒絕，而是藉口一個軍力量太小，有被八路軍吞噬的危險，要他和大部隊一起推進。

高樹勛心中的計畫被打亂，叫苦不迭！

節骨眼上，蔣介石的催命符又來了，連連急電孫連仲，命他指揮部隊立即北進。

嚴命逼迫下，高樹勛和另一副司令長官馬法五只得於10月14日率3個軍向北進犯。

10月17日，高樹勛率部進入民族英雄岳飛的故里湯陰縣。在此，高樹勛再次派出王定南，要他立馬找八路軍商討北上問題。

10月20日至21日，高部及另2個軍的先頭部隊涉渡漳河，進入解放區 —— 至此，邯鄲戰役拉開序幕。

10月22日，國民黨軍3個軍全部渡過漳河。

10月23日，三十軍在滏陽河東側之馬頭、高木營地區正式和晉冀魯豫軍區第一縱隊接火。

10月24日，國民黨3個軍全部進入預設戰場，第四十軍和新八軍小部分兵力投入了戰鬥。但參戰部隊遵照劉、鄧關於

「在敵精力尚未耗散、我後續力量尚未到達之前，暫不與敵決戰」的指示，只是採取逐點割殲和滲透襲擾等靈活手段，消耗敵實力。

10 月 25 日，八路軍各主力兵團陸續趕到，漸成包圍之勢。三面合圍，把敵人壓在一狹長的地帶裡 —— 這就是劉、鄧巧布的口袋陣。

這一狹長的「口袋」裡，村莊零落，人煙稀少，樹木稀疏，且盡是小沙包。孫連仲部 3 個軍被困在這裡，人馬飲水斷絕，工事挖不下去，已成敗軍之像了！

當然，最焦躁的莫過於高樹勳了！他清楚地意識到：北上已成泡影，而一旦打起來，後果更不堪設想，因為他的部隊力量最弱，肯定會成為八路軍首先「開刀」的對象。此情此景，他真有「盲人騎瞎馬，夜半臨深池」的感覺了。不過，他心中還有一線希望未滅，那就是王定南還在與八路軍聯繫，也許會出現奇蹟。

他像唸叨菩薩一樣在唸叨王定南。

「特別使者」王定南正走在通向晉冀魯豫軍區指揮部的路上。

高樹勳選擇王定南充當這一角色不是偶然的。

1944 年 5 月，王定南在河南組織「河南人民自衛軍」，同年 9 月，自衛軍被湯恩伯部繳械，王定南亦被捕，押赴漢中。其時，高樹勳部正駐守鎮平，當他得知王定南要押經鎮平時，便留住審問了幾次，審問中，他感到王定南說話條理分明，有

理有節，像個有學問的人，頓生好感，表示一定要把他營救出來。

果然，高樹勛不食前言，1945 年 5 月，他透過國民黨第二集團軍總司令劉汝明將王定南保釋出獄，並邀至鎮平，委以參議之職，留在冀察戰區總部。此後，兩人時常在一起議論時局，談天說地，論古道今，十分投機。

1945 年 6 月，河南軍區司令員王樹聲奉命率河南人民抗日自衛軍自豫西向盧氏、南召一帶挺進，擬在伏牛山開闢新區。胡宗南聞訊驚恐，急令高樹勛率兵進駐南召、嵩縣地區攔阻，高樹勛聽從了王定南的建議，和河南軍區代表、第三分區司令員兼政委陳先瑞進行了會談，表示願意和共產黨、八路軍建立聯繫，後因陳先瑞率部轉移，聯繫中斷。

1945 年 7 月底，高樹勛又聽說彭德懷在太行山區，遂在白綢上疾書一封，交王定南去聯繫。8 月 1 日，王定南從南召縣李青店高樹勛總部，奔太行山晉冀魯豫解放區，不料天氣作怪，霪雨綿綿，路途行走十分困難，半個月後才到河南新鄉孫殿英總部。在此，王定南巧遇在孫部做地下工作的朱穆之，兩人一同結伴前行，8 月底至河南伍村，又巧遇從延安回華東的陳毅，回晉冀魯軍區的薄一波、滕代遠，他們告訴王定南，劉、鄧兩位都在河北涉縣，要他去找劉、鄧兩位首長詳談。

兩天后，王定南來到河北涉縣，受到晉冀魯豫軍區政治部副主任黃鎮同志和總部情報處副處長申伯純同志的熱情接待，因劉、鄧正在黎城前線指揮上黨戰役，翌日凌晨又由申伯純備

快馬疾馳黎城。次日，劉、鄧從激戰的戰場回黎城，當即在黎城縣政府接見了王定南。劉伯承司令員告訴王定南，彭副總司令已回延安，其具體工作可與晉冀魯豫軍區聯繫。與此同時，劉伯承司令員疾書一封，中心意思是歡迎高樹勳將軍派人前來聯繫，希望他不斷前進，站在人民的陣列。

之後，晉冀魯豫軍區黨委研究了對高樹勳部的爭取工作。任命了申伯純為組長，靖任秋、路展、李新農、劉岱、辛良智、郝文祥、徐雙海為成員的高部爭取工作組，同時派出一個小分隊，攜電臺到河南汲縣塔崗情報站，以各種方式與高部建立聯繫。

當王定南與劉、鄧會談時，正是高樹勳違令出兵伏牛山的時節。

高樹勳部原駐伏牛山麓的南召縣，抗戰勝利後，這支以舊西北系楊虎城部軍官為骨做的「雜牌」部隊享受了與八路軍同等的「待遇」：原地駐防待命。

接到蔣介石的電報後，高樹勳火冒三丈，毅然違令出兵伏牛山，揮師北上，擬至北平以北，接受日軍投降，搶一塊地盤再說。

至鄭州，為了「安慰」一下蔣介石和重慶軍政要員們，高樹勳這才給蔣介石發了一封電報，稱要到石家莊、北平一帶去接受日軍投降。

未接回電，高樹勳又連夜率隊從廣武一帶渡過黃河，向新鄉開進。

蔣介石是 9 月 13 日在重慶林園官邸接到高樹勛的電報和高部進駐新鄉的消息的，不由大怒起來，一拳砸在桌子上，把宋美齡都驚動了！

宋美齡像是蔣介石肚裡的蛔蟲，柔聲問道：「又有什麼事使你不愉快？」

蔣介石雖然可以雄視天下，卻不敢輕視夫人，三分是怒，三分是慎地把情況說明了。宋美齡眼珠一轉，提醒道：「孫連仲不是在重慶嗎？」

蔣介石一聲長呀，眉眼間都有了笑意。

翌日，孫連仲奉召晉見蔣介石，蔣介石突然問：「你知道高樹勛已經出兵伏牛山了嗎？」

孫連仲把雙手壓在大腿外側，誠惶誠恐：「知道。」

蔣介石詫異地一聲：「你知道？」

「這正是屬下的意思。」

蔣介石更加吃驚了：「為什麼？」

「您不是說，華北和東北是兩顆定心丸，吃下了就心安了麼？我擬率第三十軍、四十軍和新八軍沿平漢路挺進，占駐華北中心，高不是與八路軍有聯繫嗎，我正想利用這一點。」

孫連仲的打算正與蔣介石的計謀不謀而合，但蔣介石不露聲色：「你打算怎麼辦？」

「我想任命高為我的副司令長官。」

蔣介石眼睛一亮：「哦。」

「欲擒故縱！」

9月18日，蔣介石的特使王仲廉飛赴河南新鄉，帶著蔣介石的任命命令。

9月19日，蔣介石委派國民黨第一戰區司令長官胡宗南在鄭州主持軍事會議。會上，胡宗南宣布，高樹勛部正式編入第十一戰區序列，歸屬孫連仲指揮，同時宣布高樹勛為第十一戰區副司令長官。

接著，孫連仲傳達蔣介石企圖打通平漢路、搶占平津策略重點的軍事部署，命令第三十軍進駐北平，第四十軍進駐邯鄲、邢臺，新八軍進駐保定。

會後，孫連仲找高樹勛「談心」：「建侯兄，你年歲大了，兼任新八軍軍長太辛苦，具體工作還是交給池峰城吧？」

高樹勛明知池峰城是孫連仲的心腹，孫連仲在打他部隊的主意，但他不好當面戳穿，又不想把自己牽扯進去，便回敬道：「池峰城趕不上三十軍副軍長黃樵松，等我們占領石家莊後，再交黃樵松指揮如何？」

孫連仲不置可否地「哼」了一聲。

其後，孫連仲帶第十一戰區司令部部分人員飛抵北平，部隊交馬法五、高樹勛和戰區參謀長宋肯堂指揮。

9月下旬，高樹勛部和其他兩個軍進駐新鄉，王定南帶著晉冀魯豫軍區兩個情報人員趕回。高樹勛看了劉伯承司令員的信並聽了王定南的匯報後，十分高興，當即來到情報人員辛良智、郝文祥的住處，表示了他的歡迎，並告之：「此地情況複

雜，不宜久留，我想把你們留在家裡，既方便聯繫，又安全可靠。」

此後，高樹勛又任命辛良智為少校副官，並親手簽發了特別通行證。

9月底，國民黨第十一戰區在新鄉完成了向北推進的準備，高樹勛無奈間想出了單獨北上的主意，為此，他又寫信給劉伯承，又發電報給孫連仲，不料，此計畫在兩邊都一樣的行不通。

從此，高樹勛被推到了浪峰上。

再說，王定南透過情報人員，急如星火地趕至晉冀魯豫軍區司令部，劉、鄧又在百忙中抽出時間會見了他，指出：原來曾同意高樹勛率新八軍北上，但現在沿平漢路北進的已不僅僅是新八軍，還有馬法五的第四十軍和魯崇義的第三十軍，這是蔣介石進軍解放區的大陰謀，為此，從整個全局出發，絕不能允許這三個軍繼續北進，完成蔣介石的意圖。

王定南馬上明白戰局，一時啞了。

劉、鄧又鄭重地告訴他，希望高樹勛從民族大義出發，立即舉行戰場起義，站在人民方面，配合八路軍阻止國民黨軍北上，為國家和人民作貢獻。

王定南不是糊塗人，從劉、鄧的話中意識到了事情的嚴重性，立馬便向和高樹勛約定的地點安陽奔去，半路上，晉冀魯豫軍區的通訊員快馬追上了他，告訴他：劉、鄧要他馬上趕去峰峰城。

其時，晉冀魯豫軍區前線指揮所已遷至峰峰礦區。在此，

劉、鄧又會見了他，告訴他：北犯的國民黨軍已至磁縣縣城，高樹勳已駐馬頭鎮，要他改途速去馬頭鎮。

交待完結，劉、鄧派汽車將王定南送至邯鄲以南、馬頭鎮西北的車騎關村。

這裡是晉冀魯豫軍區第三縱隊司令部，陳錫聯任司令員。陳錫聯告訴他，馬頭鎮內駐的是新八軍的一個團，團長田樹青思想進步，受共產黨影響較深，是一支可依靠的力量。

當夜，王定南由三縱隊一名偵察員送至田樹青部。

王定南到馬頭鎮，想到八路軍情報人員曾傳給他一個消息，說零點時八路軍可能會對高樹勳部有所行動，又坐不安穩了，立馬趕回第三縱隊司令部，說為不影響高部起義，懇切要求八路軍第三縱隊緩停進攻時間。第三縱隊經請示劉、鄧，同意改變戰鬥部署，改進攻為佯攻，打打停停，監視其行動。

10月26日，王定南迴到新八軍軍部，向高樹勳傳達了劉、鄧的意見，希望他就地起義。

就地起義？

高樹勳一下懵了！這於他來說，是在人生道路上作一種徹底改變，且在短時間內，的確不是一件易事！

「可不可能有另外的選擇？我是說兩者之間。」

「高先生，這怎麼可能呢？這是你生我死、敵我交鋒的戰場。假使不起義，你能違抗蔣介石的北上命令？你能不進攻解放區？你能不和八路軍交手？不可能！」

王定南的一席話，把高樹勛說得啞口無言，陷入了痛苦的沉思之中。他在屋子裡轉了一圈又一圈。

　　王定南又坐不住了：「高先生，我們再不能當蔣介石的殉葬品了，劉伯承將軍說得好，當斷不斷，必受其亂，現在是您下決心的時候了！」

　　高樹勛驀地打住腳步，口裡反覆唸叨道：「當斷不斷，必受其亂；當斷不斷，必受其亂……」

　　「高先生……」

　　「好，我同意就地起義！定南，有勞你再去趟八路軍處，請劉、鄧兩位將軍速派代表來！」

　　10 月 27 日上午。

　　峰峰礦區通往八路軍前線司令部的土路上，一輛褪了色的淡綠色美製中吉普風馳電掣地朝東南方向駛去。

　　車後座上，並排坐著三個人：晉冀魯豫軍區參謀長李達，軍區情報處副處長靖任秋，還有王定南。

　　「聽說，李參謀長和高樹勛將軍認識？」

　　王定南明知故問。

　　「哦，老相識了，舊西北軍同仁。後來，我隨趙博生、董振堂參加寧都起義，走到革命隊伍裡來了。唉，一晃十多年了！不過，靖任秋同志也和高樹勛將軍是老熟人，你可不知道吧？」

　　王定南眼睛一亮：「真的？」

「我是在 1933 年察北抗戰時和高將軍認識的，以後在天津、北平等地也有過來住。」

王定南聽了十分高興，連聲道：「不虛此行，不虛此行，我只有預祝成功了！」

王定南是 10 月 26 日趕去晉冀魯豫軍區指揮部的。他向劉、鄧匯報了高樹勳同意就地起義，請求速派人去會談的要求，劉、鄧高度重視，便立即決定派和高樹勳打過交道的李達和靖任秋前去高部會談。

李達、靖任秋、王定南從峰峰出發，行車約一個小時便到達第三縱隊司令部駐地車騎關村。根據王定南提供的情況，李達決定當夜穿越火線，從田樹青團防地進入馬頭鎮，然後，再入新八軍軍部。行前，李達囑靖任秋以個人名義給高樹勳寫了一封信，派偵察員送田樹青轉交，當日下午，偵察員帶回口信，說高樹勳願速同李達和靖任夥會晤，接迎已令田樹青安排。

是夜，藉著夜色掩護，由送信的偵察員帶路，李達和靖任秋來到了田樹青團部。在此，李達和靖任秋換上了田樹青早已準備好的新八軍軍服，分別配上了中、少校銜。之後由田樹青的衛兵送至高樹勳總部。

其時，高樹勳正在總部辦公室坐立不寧，負責門衛的特務營營長孫元儒急匆匆趕來報告，悄悄說：「有人求見。」

高樹勳一聽便明白了，迫不及待地問：「他們在哪裡？」

「在特務營營部。」

「好，我馬上去！」

不一會兒，高樹勛獨自一人來到孫元儒營營部，搶先幾步進門，緊握著李達和靖任秋的手說：「兩位老朋友冒著危險親臨本部，不勝感激，不勝感激呀！」

李達笑了：「建侯兄何必這麼客氣？我們一別十餘載，早想和你敘敘舊了，只不過沒有想到在這樣一個時候！」

寒暄過後，話入正題。

孫元儒親自擔任警戒。

首先，李達轉交了劉伯承給高樹勛的信，說：「劉、鄧託我向你問候。」

高樹勛面存羞色：「多謝劉、鄧兩位將軍關照，建侯無德，冒犯解放區，但實非建侯本意，是被人所迫。」

「這一點，我們是看得清楚的，內戰的禍首當然是蔣介石。不過，我們也希望你不要再做錯事，再走錯路，要知道，一個人尋一條正確的路不容易呀。」

高樹勛的羞色更濃重了。

李達繼續作誠懇之談：「今天，如果高將軍能在中國之兩種命運、兩種前途的大搏鬥中，在內戰與和平、光明與黑暗抉擇的緊要關頭高舉義旗，脫離蔣介石，站在人民的陣列，其功不小，可與『五原誓師』、『寧都起義』、『雙十二事變』媲美呀！」

高樹勛雙眼一眨不眨地聽李達說。

李達少許停了一會，為釋其疑慮，又說：「我們黨對舊軍人參加我黨的政策歷來是論功行賞並給予相當的榮譽和地位。如

呂正操同志，原為東北軍軍官，因不滿蔣介石的不抵抗政策，在冀中平原參加了我人民抗日自衛軍，不久任命為冀中軍區司令員，現已是我黨的候補中央委員了。」

高樹勛越聽越高興，最終毅然表示：10 月 30 日率部起義！

之後，高樹勛又就起義條件和一些具體事項和李達進行了商榷，高提出如下幾點：一是部隊起義後，改編為和平建國軍，允許他編兩個軍，並要求把張嵐峰反正之杜新民、魏風樓兩個師歸屬他，由他任和平建國軍總司令，在毛澤東、朱德領導之下，和劉、鄧同輩；二是允許他駐兵熱河，任熱河省主席；三是要求八路軍殲滅性打擊新八軍右翼的第四十軍李振清師，因該師一向反共頑固，對起義威脅最大；四是要求在第三十軍、第四十軍撤退時，要求我們不要打，他怕傷及舊西北軍系之間的感情，擔不仁不義之罵名。同時，他還提出了尚在徐州的夫人的安全問題。

針對這幾點，李達明確表示，除駐地問題和要杜、魏兩個師的問題要報請延安總部批示外，其餘均可應允；至於他夫人的安全問題，亦報告劉、鄧並電請黨中央解決。

10 月 28 日晨，雙方達成一致協議並話別。回到指揮部，李達立即向等候在那裡的劉、鄧兩位作了匯報，並就有關問題進行了研究。

10 月 30 日，劉、鄧兩位向中共中央發出專電：「請軍委轉告山東陳毅、羅榮桓同志：高樹勛率新八軍與我合作已明朗化，十一戰區長官部自新鄉至徐州開專車一列，內載留守人員

及眷屬，請加快派人往徐州接出高樹勛、王定南兩人眷屬至我地區並護送來此。事關高之鞏固工作，處理情表立復。」

與此同時，前線指揮部重新調整了作戰部署：第三縱隊和太行軍區箝制三十軍，佯攻新八軍，其他主力部隊集中力量打擊四十軍主力的一〇六師。

10 月 30 日，夜 10 點，新八軍軍部。

高樹勛辦公室的電話鈴驟然響起來了，高樹勛拿起話筒，裡面傳出一個驚慌的聲音：「喂，喂，高副長官嗎？昨天夜裡，共軍主力突然對我一〇六師發起猛烈攻擊。李大砍頂不住了，部隊傷亡慘重，向我請援，可我自身難保，實在抽不出部隊，您看在西北老同仁的面上，拉兄弟一把。」

來電話的是四十軍參謀長李旭東。

「這……」

「高副長官，您再不幫這個忙我就完了。」

「你的意思是 ——」

「派兵火速接替一〇六師防地。」

「好吧，我盡力！」

放下話筒，高樹勛長長喘了一口氣，笑了，立即派喬明禮部接替了一〇六師防地。

右翼威脅已告解除。

緊接著，高樹勛立即召開了田樹青、陳明韶、聶志超、周樹一、翟兆臣、孫元儒等心腹軍官會議。會上開門見山：「諸

位出生入死地跟隨我多年，現在我請大家來，是商量起義的問題……」

高樹勛把談判結果和打算一口氣說了，與會軍官都表示堅決支持。

次日上午，高樹勛又召見了原冀察戰區總部參謀長廖安邦，河北國民軍總指揮喬明禮，新八軍副軍長馬潤昌，新八軍參謀長王有度，新六師師長范龍章，暫二十九師師長尹瀛洲等高級軍官，表明了堅決退出內戰的主張。

下午，新八軍軍部移至馬頭鎮。高樹勛召集原冀察戰區少校以上軍官訓話，正式宣布了就地起義的決定。

會間，參謀處長袁家洪一躍而起，滿面怒色，高樹勛把眼一瞪，「啪」的一拍桌子，厲聲問道：「袁家洪，你想幹什麼？」

袁家洪又嚇得坐下去了。

另一戰區副司令長官馬法五是從高樹勛打給他的電話中獲悉新八軍起義的。

「法五兄，我們已陷入八路軍的重圍，北上已不可能，我決定留在此地，跟八路軍合作。現在我已向部隊宣布這個決定了！」

「啊？！」

「我希望你也留下來。」

「我……我……不……」

馬法五語不成聲。

「如果不願意，你就趕快撤走吧，否則⋯⋯」

「砰！」高樹勳清晰地聽到了話筒落地的聲音！

三十軍、四十軍如潮水般向南潰逃。

逃？劉伯承司令員的眉頭微微一皺：「往哪裡逃！」

有人提出異議：追殲三十軍、四十軍的行動會不會影響高樹勳部的起義行動？

鄧小平笑了：「革命不是請客吃飯，不要聽『對不起朋友』那一套。各部隊迅速出擊，把不投降的敵人全部消滅！」

10月31日下午，馬法五率三十軍、四十軍兩萬餘人逃到南北旗稈樟、辛莊、馬營地區，被共軍緊緊包圍。

11月1日夜，共軍一部突入敵長官部，敵陣勢大亂，四散奔逃，我軍趁勢分割殲滅，如掃秋風。

11月2日，戰鬥結束。

11月3日，延安通訊社發表消息：「侵入平漢中段邯鄲地區之敵孫連仲屬三十軍、四十軍、新八軍共7個師六萬餘人，被劉伯承、鄧小平軍包圍，血戰十天，高樹勳率新八軍兩個師起義，反對內戰，其餘兩軍除逃去3,000人外，全部被殲滅，俘獲甚多。」

「11戰區的副司令長官兼四十軍軍長馬法五，11戰區的參謀長宋肯堂，四十軍三十九師師長司光愷，一〇六師師長李振清，三十軍三十師師長王震，六十七師師長李學正等高級軍官均被俘虜。」

邯鄲戰役勝利的消息傳至延安總部時，楊家嶺窯洞前一片靜謐。

朱德總司令手持電報快步走進毛澤東的窯洞，興沖沖叫了一聲：「主席。」

毛澤東正俯身在一張碩大的地圖上凝神，聞聲抬起頭：「哦，總司令，什麼事使你這麼興奮呀？」

「主席，邯鄲又打了一個漂亮仗。」

「是嗎？」毛澤東放鬆地笑了，「情理之中，意料之中。不過，這總是一件令人愉快的事，國民黨進攻華北的大門堵死了，看來，蔣介石又會要掂量掂量雙方談、打的砝碼。恩來同志在重慶也就要少費些口舌啦。」

「哦，」朱德把手中的電報遞給毛澤東：「重慶也剛來報，國民黨代表就我黨提出的三條停火建議做出了六條反答覆，口吻有所鬆動。」

「老反戲。閻王爺怕惡鬼，善惡無度。」

「看來，我們和蔣介石在磨盤上還有一陣子磨嘍。」

「是呀，上黨一打，和他簽了個雙十協定；邯鄲一打，他又提出個6條反答覆。依我看，我們還得打幾個上黨、邯鄲戰役，甚至要大動干戈，這天下才會太平。」

「主席，邯鄲戰役爭取高樹勛部反正，功不可沒，我們要切實推廣這一條經驗。」

「攻心者為上，古來經驗。邯鄲是歷史名城，我看，就把高

樹勛的這次起義定為邯鄲起義如何？」

「好啊！是不是立即去電嘉勉？」

「當然！」

說話間，毛澤東順手拿起紙筆，沉吟片刻一揮而就：

建候吾兄勛鑑：聞兄率部起義反對內戰，主張和平，凡屬血氣之倫，莫不聞聲擁護，特電馳賀，即頌戎綏。

毛澤東書完，念了一遍，問：「總司令，你意如何？」

朱德會心地笑了。

李先念智鬥劉峙

　　蔣介石撕去了偽裝，露出了廬山真面目，再也不需要什麼遮遮掩掩和顧忌了。軍事上他採取了一系列行動，並令杜聿明不必理睬東北停戰協定及對共產黨方面的許諾，鼓勵杜聿明要乘勝追擊，爭取在 5 個月內打垮中共軍隊。政治輿論上，對民眾的愛國呼聲，進行殘酷鎮壓和迫害。

　　1946 年 6 月 23 日，上海 5 萬群眾舉行集會，高呼口號，反對內戰，要求和平民主。

　　當天下午，上海請願代表團代表十餘人乘火車到南京請願，當他們下車後，被事先埋伏在車站兩旁的特務圍住，百般辱罵，又被毆打。

　　周恩來得知後，非常氣憤，便要親自前往車站，被警衛人員竭力攔住。氣憤之下，他又拿起電話機，分別打電話給國民黨有關方面負責人，向他們提出強烈抗議。

　　上海請願代表團受到國民黨當局的冷遇和斥責，以周恩來為首的中共代表團卻給予了他們親切的慰問和熱情的支持。與他們一起分析國內外形勢和中國的前途。與此同時，以周恩來為首的中共代表團特別注意教育和團結民主黨派、民主人士等中間力量，促使他們團結在共產黨的周圍，結成廣泛的統一戰線。配合戰場，開闢了聯合反對蔣介石反動統治的第二戰場。

　　然而，蔣介石絕不允許共產黨占半點便宜。就在 7 月 11 日晚間，「救國會」的李公樸在昆明被國民黨特務用無聲手槍暗殺

了。四天之後，又在昆明暗殺了著名詩人聞一多。

隨後，暗殺事件仍在繼續著……

周恩來得知後，氣憤地掉下了熱淚，他對記者們大聲疾呼：

「中國目前最嚴重最急迫的兩個問題，一是內戰，二是政治暗殺。但是中國人民將踏著李公樸、聞一多諸烈士的血跡前進，為李、聞諸烈士報仇，實現中國之獨立、和平與民主，以慰李、聞諸烈士在天之靈。如果國民黨當局對此仍不採取緊急處置，改弦更張，則一切政治協商都將徒然。」他越說越悲憤，當他又一次提到「李公樸、聞一多兩位先生被暗殺」時聲音很哽咽，他強嚥了口唾液，接著說：「這不是偶然的，而是和平民主運動中一種反動的逆流，想以這種最卑鄙的手段來嚇退民主人士。暗殺事件從南通、西安起，現在發展到昆明，這一連串事件都是有計畫的。這些問題的嚴重性不亞於內戰，因為這是打擊大後方手無寸鐵的民主人士、工業家、新聞記者和文學家。在內戰的前方，還可說兩方都有武器，而在國民黨管轄的後方，有的是憲兵、警察、軍隊、法庭、監獄等鎮壓工具，還要用暗殺的手段來鎮壓對國民黨政府所不滿的人士，這真是無恥卑鄙之至！對於這類暴行如再不停止，再不懲辦，再不追究，再不找出根源，則可能擴大到全國。我們不能忍受，我們要控訴！我們為什麼要在諸位面前控訴？因為諸位受的壓迫、威脅、恐懼比我們多。諸位是手無寸鐵者。希望以諸位的筆、口來控訴，以制止這種卑鄙可恥的暴行！」

但是蔣介石絕不停手，不管是政治暗殺還是軍事消滅，他都不肯停手，他要盡快實現自己的諾言，以向國人證明他的強大和英明。他看著自己強大的軍隊心裡早已是穩操勝券：

國民黨總兵力約 430 萬人，其中正規軍為 86 個整編師，248 個旅約 200 萬人。共產黨軍隊此時總兵力為 127 萬人，其中野戰軍 61 萬人。戰鬥部隊對比為 3.4：1；裝備上國民黨除接收了日軍的全部裝備外，還得到了大量的美援，有海空軍及特種兵，手中有大量的火炮及一定數量的飛機、坦克和艦船。共產黨裝備無法與國民黨比較，沒有海空軍及現代化運輸工具，連火炮都極少，主要靠「小米加步槍」。

這樣一比較就不難看出，蔣介石氣勢洶洶地叫囂要在 5 個月內打垮中共軍隊，並不是沒有一點根據。

大開殺戒的第一刀，直逼李先念部，蔣介石經過認真分析認為共產黨中原軍區所占之地是策略要衝，北、南、西都有文章可作，而共產黨的根據地比較薄弱，有被一口吞掉的可能，6 萬共軍已被 20 餘萬國民黨兵團團圍在以宣化店為中心的不足百里的狹小地區，大有探囊取物之勢。

李先念對當前的形勢十分清楚，他馬上召集眾將謀劃突圍計畫，經過分析，他們認為：向東突圍，向華中主力靠攏，阻力太大。國民黨已布好了層層防線，並且還要突破江河水道；向北突圍，投劉鄧大軍，沿路上蔣軍占盡交通優勢，可快速調兵，圍追堵截，並有一段路是一馬平川，無處可藏；而突圍進入武當山區，此路無友鄰部隊接應，也無國民黨重兵把守，一

路上有丘陵掩護可打可藏，突圍後可潛入山區。

這三個方案，經過反覆比較，李先念決定採用向西突圍方案，並於 6 月 21 日去電請示延安。

3 日後，延安回電：「21 日電悉。所見甚是，同意立即突圍，愈快愈好，不要有任何顧慮。生存第一，勝利第二。今後行動，一切由你們自己決定，不要請示，免延誤時機，並保證機密。望團結奮鬥，預祝你們勝利。」

6 月 25 日，劉峙接到點火命令：「執行計畫。」

劉峙很興奮，他急於搶頭功，又自以為看出了破綻：李先念想以皮定鈞部轉移他的注意力，而後率部向東突圍。便命令部隊向皮定鈞部出擊，逼出李先念。

李先念一面派部隊增援皮定鈞，堅定劉峙「李先念將向東突圍」的判斷，一面提出了強烈抗議：

「中原戰事，幾經調處，始終未獲解決。自本月 26 日以來，政府軍更悍然發起罪惡之進攻，意在置我 6 萬抗戰有功將士於死地，何其惡毒之極，儘管如此，我方仍本和平建國之初衷，希劉、程將軍懸崖止步，倘執迷不悟，我將率 6 萬哀兵誓起奮戰，寧死以喚醒國人。」

李先念的強烈抗議，像一針興奮劑，更加激起劉峙及各路指揮官的興趣，他們都在超前強行搶頭功，這樣一來，部署紊亂，原來密不透風的合圍圈出現了裂縫。李先念當機立斷，看準裂縫於 28 日夜率主力分兩路向西飛奔突圍。

李先念率部突圍的時候，皮定鈞的陣地上打得正苦，但劉

峙卻耳聞到李先念突圍的消息，便挑唆白羅素見李先念。若李在，則無突圍之事，若李不在則另作計較。商定之後，美軍白羅素中校向中共代表任士舜提出要見李將軍。任士舜此時並不知李已突圍，便立即同中原軍區司令部聯繫。軍區回電，李司令員偶感風寒，身體欠佳，改日再見。

這一來，國民黨方面更加起了疑心，白羅素等人更要堅持帶上藥物去看望。中共代表任士舜不知詳情，仍在積極聯繫。軍區司令部只好答應了他們的要求。

29 日上午，國民黨代表李桂流和美軍中校白羅素在任士舜的陪同下來到中原軍區司令部看望李先念。

李先念躲在床上正在看書，床頭小桌上放著水和一些藥瓶。中校忙上前問候，李先念笑著坐起來，請他們坐下，並向他們表示了自己的感謝。李桂流覺得無話可說，得到了驗證，他也就放心了，於是只是陪著笑臉，白羅素看冷了場，忙沒話找話地說：「李將軍抱病苦讀的是何書？」

李先念笑著說：「閒得無聊，順手拿來看看。」

白羅素拿起書見是《孫子兵法》，忙說：「名著，名著。我們西點軍校都教此書，改日定向李將軍請教。」

閒聊了一陣，白羅素拿出幾瓶藥送給李先念，便告辭了。

李桂流別看沒怎麼說話，心裡卻很高興。共軍沒有走！他們哪裡知道，這天李先念是從幾十里外趕回來的，是專門給美蔣代表演的空城計。白、李二人前腳出門，李先念後腳便跨上了戰馬，當日下午就趕上了大部隊。

就在這天夜裡，李先念親自指揮部隊，以迅雷不及掩耳之勢，直撲平漢線上柳林、黃莊一線國民黨守軍。將劉峙布下的包圍圈撕開幾道口子，使中原軍區主力如洪流奔騰而過，於黎明前全部跨過平漢線。

　　這邊皮定鈞部與蔣軍打得正旺。蔣軍倒是個個爭先恐後，鬥志昂揚，以為這是圍殲李先念的最後一戰，忽然劉峙傳下命令，除四十七、四十八兩個師，各部立刻向平漢路追擊李先念主力，各部指揮官，在心裡罵著劉峙「飯桶」，忙又向西追擊，留下的四十七師和四十八師也亂了陣腳。

　　待四十七和四十八兩個師調整部署完畢，等著獨立旅向西突圍，卻左等不見人右等不見影，白羅素精疲力竭，怨聲沖天。

　　蔣介石焦急萬分，一天幾次電報催劉峙，劉峙急得像熱鍋上的螞蟻，他大話吹盡，說是已殲李先念主力，所剩殘部也是時間問題，可如今又讓李先念主力跑了，他急得坐立不安，不知如何給老頭子一個交待。

　　參謀長趙子立忙給劉峙出主意：應當兵分兩路，一路尾隨追擊，一路抄近路到淅川堵截。尾隨部隊的主要目的是緊盯敵人不放，窮追不捨，讓李先念部隊不得休息，甚至不給他吃飯睡覺的時間，拖垮他，待把他趕到淅川，正好鑽進堵截部隊布下的包圍圈，便可全殲其敵。

　　趙子立這一招確實夠毒，然而人外有人，李先念算計得更高明，偏不按他的指揮棒走，硬是率領主力部隊憑著一雙鐵腳板，一路跋山涉水，先於敵人趕到了淅川。

7月中旬，正在劉峙昏頭轉向找不到李先念主力的時候，李先念率主力部隊勝利到達陝南，並建立了鄂豫陝根據地及鄂西北根據地。

這一回合的較量以蔣介石失敗告終，但他馬上把注意力放在了蘇皖解放區，他決心要在這裡撈回失掉的面子。讓共產黨領教領教他的厲害。

此處為新四軍華中野戰軍粟裕所部，對於蔣介石的用心和目的粟裕當然十分清楚，但這一仗怎麼打，才能以最少的代價換來盡可能大的勝利，他心裡一時還沒底。他站在地圖前，反覆思考著：敵人有十幾萬大軍，而自己只有3萬人馬，武器就更沒法相比。在這樣一種情況下，只能借助老根據地群眾的幫助在內線與敵人周旋，再見機行事，對於取勝，粟裕沒有十足的把握，但他認為只有打，才有取勝的可能，如果不打就退，就長了蔣軍的志氣，自己今天退一步，明天退一步，士氣大減，將一發不可收拾。

「要打，一定要打，並且就在蘇中打。」粟裕下了決心，提出了：「敵眾我寡、敵強我弱，等敵人攻到跟前再抵禦就晚了。不能硬打，只能巧取。」「對！抗戰勝利後我們與國民黨打了幾仗，都是他們找上門來，我們只能自衛，如今老蔣已經撕破臉皮，對我們大打出手，我們也不必再拘泥於和談大局了！」

「對！只能這麼幹，我們人少，就是要爭得主動，利用老根據地鄉親們的幫助，先打它幾個襲擊戰，鼓鼓士氣！」

能夠甩開包袱主動出擊，一改從前老路，大家都很激動。

粟裕叮囑大家：「切記，『出其不意，攻其不備』是我們勝利的保證。」

7月13日，粟裕集中主力部隊10個團的兵力，緊緊咬住李天霞第八十三師的2個團，主動出擊。

李默庵忙問李天霞，對方只說：「『敵駐我擾』嘛，還不是游擊隊的老一套，人馬不多，請放心。」

粟裕也極力製造著讓敵人放心的條件，只投入了少數兵力，真正做出「敵駐我擾」的樣子。

傍晚時分，粟裕不再演戲，一聲令下以5個團的優勢兵力向李天霞的2個團發起了強大的猛攻。正當李天霞半信半疑的時候，粟裕已攻入泰興，又直逼宣家堡而去。

李天霞有些頭昏腦脹，不是說「沿江無敵情」嗎，怎麼一下子從眼皮底下鑽出來這麼多解放軍？思前想後，不知共軍虛實，也不敢貿然在夜間增兵，待到證實確為粟裕主力時，他的2個團早已被粟裕吃掉。

戰鬥一結束，粟裕立即命令部隊急速東進。將士們士氣很高，初戰勝利，帶給人們的那種喜悅確實是無法形容的，這種喜悅又神奇般地化成一股強大的力量，不可阻擋。雖然剛打完一仗，但戰士們走起來仍是腳下生風。粟裕的臉上雖然布滿了灰塵，但卻遮蓋不住他內心的興奮，笑著對大家說：「我與國民黨打了十來年仗，他們始終悟不出一句話。」說到這裡粟裕突然止口，眾人正在興頭上，一聽沒聲音了，馬上把目光投向他。

「什麼，快說給我們聽呀！」

粟裕笑著看看大家，一字一句地說：「兵貴神速。」

大家聽後笑著直點頭，腳下走得更快了。

他們終究走得有多快？一晝夜近 200 里。就這樣，華中野戰軍主力又殺到了如皋。

再說李默庵這裡，在宣泰被粟裕打了一悶棍，經過幾天來昏頭轉向地折磨，剛弄清是粟裕主力所為，現在又找不到了。氣得李默庵大罵著：「情報機關都是廢物，一會兒說粟裕仍在宣泰，一會兒又說向東撤走了，到底在哪裡？呼啦啦這麼多人怎麼會說來就來，說走就沒了，真是見鬼了！」

情況不準確，李默庵只能靠自己的判斷，他怕粟裕聲東擊西，因為這是共產黨打游擊慣用的手法，他不得不防，便令向如皋開進的整編四十九師回防南通。

就在李默庵調回開往如皋的整編四十九師後，18 日夜，粟裕率領主力部隊已把國民黨整編第四十九師團團包圍住了。

四十九師師長王鐵漢正在師部同部下猜測共軍主力位於何方。聽到槍聲，忙向所部詢問情況，無奈天黑，地形也不熟，部下根本說不出什麼。好不容易熬到天明，王鐵漢急忙四處查看，不看便罷，一看差點背過氣去，他的部隊，已被共軍吃掉了二三成，這還不算，四面八方已被共軍圍住，跑都沒處可跑。

王鐵漢哭喪著臉飛報李默庵，李默庵又急令整編第六十五師火速支援王鐵漢，可等六十五師趕到如皋時，師部和二十六旅以及七十九旅大部萬餘人已成了粟裕所部刀下之鬼，剩下的是人去城空。

陳粟聯手出奇招

1946 年 9 月下旬，粟裕領導的華中野戰軍與陳毅領導的山東野戰軍兵合一處，9 月 28 日，毛澤東來電指示：「兩軍會合的第一仗必須打勝。」

「毛主席可是下了死命令啊！」看完電報，粟裕對陳毅說，「看來這一仗十分要緊。」

「用不著緊張，」陳毅從容地說，「毛主席是想用重錘來敲你這面響鼓。放心，我口袋裡有五套作戰方案，隨你這前軍大將挑選。」

說著，陳毅像變戲法似的從口袋裡摸出一疊紙，果然是擬就了五套作戰方案。

粟裕又驚又喜，接過來一頁頁看下去，看了一頁，想一陣，對著地圖比畫一番，最後，他抽出其中一頁，對陳毅說：「我覺得，『集中兵力殲滅進攻沐陽之敵』這方案比較可行。」

陳毅點頭說道：「既然你說好，那就是它了！」

粟裕一口氣報出了幾十支部隊的配置和任務。這都是他早已爛熟於心的。按習慣，每次戰役發起前他都會醞釀好幾套腹案，再根據實際情況，選擇其中的一個。所以每次戰役發起前他幾乎都是終日凝神在地圖前，有時一站就一整天，差不多到了不吃不喝的程度。陳毅曾給機關人員作規定：「粟司令在看地圖的時候，一定要保證他集中精力，任何人都不准去打擾。」

粟裕用兵，一向慎重，從不打無把握之仗。這次是華中野戰軍和山東野戰軍會合後的第一個戰役，是毛澤東指定要打勝的仗，而且又是解放戰爭以來第一次協助陳毅指揮兩支大軍。他深感責任重大，心情緊張，不能不慎之又慎，這一方案，他已是醞釀多日了。

陳毅問：「原來你早就想好了？」

粟裕笑道：「所謂英雄所見略同嘛！」

很快，方案以陳毅的名義報給了中共中央。毛澤東立即回電，很關切地詢問粟裕的意見，又問這一方案是否與粟裕一起研究過。陳毅如實報告了情況後，毛澤東回電：「決心與部署甚好。」

粟裕看到毛澤東這樣關心和信任自己，心情十分激動。他暗暗告誡自己，凡事都要特別慎重小心，一定要打好這一仗。

粟裕正在深思宿北之戰，調兵遣將之時，在南京，蔣介石也在緊鑼密鼓地布置部隊。

1946 年 10 月 28 日，南京總統府。

蔣介石坐在沙發上閉目養神。這位年近花甲的老人，中國 20 世紀上半葉的風雲人物，此時此刻心裡又醞釀著什麼呢？抗戰剛剛結束，他又挑起了內戰，他雄心勃勃，不料，竟連吃敗仗。窗外的幾隻麻雀在枝頭上跳躍著，嘰嘰喳喳。

「去，去。」宋美齡用手驅趕著，生怕打擾了蔣公休息。

「算了吧，幾隻麻雀的聲音，影響不了我的休息。」

「好吧。」宋美齡取來一床毛巾被給他蓋上。

「你先休息吧。我再坐會兒。」

宋美齡走後，衛士進來稟報：「委員長，陳誠帶著吳奇偉、李默庵、戴之奇、胡璉求見。」

蔣介石過了一會兒才睜開眼睛對衛士說：「讓他們到書房等候吧。」

蔣介石等衛士走後，走進臥室對宋美齡說：「我的衣服，我的衣服。」

宋美齡心領神會，從衣櫃內拿出他的軍裝幫蔣介石穿上，說：「這麼晚了，你？」

蔣介石面無表情。

「誰知道陳誠搞什麼鬼，帶著戴之奇、胡璉兩個師長來了。」

「前線不可一日無將啊。」宋美齡叮囑道。

「我知道，我會讓他們盡快回去的。」

「戴之奇是三青團中委，會效忠於你的，但胡璉就不同了。」

「我會安排的。妳先休息吧。」

蔣介石說罷來到書房，他進門後，眾將領匆忙站起，立正。因沒有戴軍帽，都給他行注目禮。

「好了，好了，大家都坐吧。」蔣介石揮揮手，示意大家坐下。之後，停了片刻說：「最近，陳毅在山東接連吃了幾個敗

仗。可能要在宿北一帶與你們決戰，你們要有所準備，切不可掉以輕心。」

「是，委座。」戴之奇站起身來，立正說：「此次之奇來就是要委座放心，學生一定要在國民大會召開之前，在宿北給陳毅一迎頭痛擊。」

「之奇說得對，來之前，我已和之奇商量過，今天就是看委座的意思。」胡璉說道，看了一眼挨著蔣介石坐的陳誠。

「是該再打一仗了。目前，我軍將士精誠團結，士氣高揚，如果宿北這一仗再獲大勝，是對我國民大會的獻禮。委座，您看？」

「嗯，」蔣介石站起身來，在書房內踱了一圈，然後說著：「好吧。辭修，你安排。」

「是，委座。」陳誠站起身，拿起他身旁的文件夾道：「來之前，我同幾位將軍商議了一下，先向您匯報，若不妥，再改進。」

當陳誠唸完報告坐回原來的位置上時，蔣介石站起身，又以灼人的目光巡視了一下他面前的幾位將領，問道：「諸位有信心嗎？」

「有。請委座放心！」眾將站起，異口同聲。

「好吧。你們回去準備吧，前線不可一日無將。」

「是。」

眾高級將領退出，戴之奇走到半路，又折回，拿出一幅

八大山人的字畫送給蔣介石，然後對蔣介石說：「請委座放心，我回去之後，定率六十九師全體將士奮勇殺敵。不過，不過⋯⋯」

「之奇，你放心，有我在，他們不敢為難你的。」

戴之奇走後，蔣介石又抓起電話，要通了陳誠，罵道：「娘希匹，仗還沒有開始打，之奇就要保存實力。你告訴他們，今後無論誰，再搞這一套，我就斃了他。」

陳誠將此話轉給了戴之奇，戴之奇陷入尷尬狀。半日無語，心想：蔣公是何種人？

面對敵人的進攻，粟裕向陳毅建議先打宿北之敵，陳毅的決心就定下來了。他向中央發電報報告戰役計畫。

毛澤東拿著陳毅的電報在地圖前駐足良久，說：「陳老總想在宿北打一仗，我看很好。敵方此次由吳奇偉和李默庵聯手指揮，看來也不是好惹的。」

毛澤東說著把電報遞給朱德。

朱德道：「六十九師師長戴之奇是三青團中委，此人驕狂輕率，會在戰鬥打響之後，衝在前面，以此向蔣介石邀功請賞。胡璉的十一師是陳誠的起家本錢，會在這個關鍵時候為其主子賣力，但本性使然，胡璉也會在關鍵時候保存實力。」

「對，我看要是打的話，就打戴之奇，六十九師內部派系複雜，其四十一旅就是二十六師馬勵武部的，預三旅原屬五十七師段霖茂部，他們表面上歸戴之奇，其實內部矛盾重重。」

「我看，我們就按主席您的意思給陳毅回電？」朱德道。「時

間緊迫，不容遲疑。」

陳毅接到毛澤東的電報後，迅速召開會議將其電報指示傳達給葉飛、韋國清、譚希林、何以祥、張震等有關參戰部隊的高級將領。

最後，陳毅又補充道：「此仗的關鍵是：一、要迅速搶占峰山，控制制高點，峰山標高百餘公尺，乃是全戰場的制高點。敵預備三旅可能要搶先占領，利用日軍原有的壕溝、碉堡，加築地堡，設置鹿砦。山前是宿新公路，南距曉店子6公里，北距峰山4公里，占領峰山制高點，也就是等於控制了整個戰場。這一任務由山野八師擔任。何以祥同志，有什麼困難沒有？」

「沒有，請陳老總放心，只要八師還有一人在，我們的紅旗就插在峰山。」何以祥說。

「我們要向敵縱深穿插迂迴，實行分割圍殲宿北進攻之敵2個整編師6個半旅，如不能迅速分割這2個師，我軍將很難以優勢兵力各個殲滅之。只有大膽實行縱深穿插，分割戴之奇和胡璉的聯繫，才能奪取整個戰役的勝利。任務由一縱葉飛同志率部完成。葉飛同志，有困難嗎？」

「沒有，我代表一縱全體指戰員宣誓，保證完成任務。」

「華野九縱張震所部在宿沭、宿新公路阻擊敵人，保證主力開進，爭取時間。」

「請陳總放心。」張震站起身說道。言語簡短有力，透露著信心。

「好，注意及時聯繫。」陳毅說：「若大家沒有意見，請準

備去吧。」

　為了確保戰役的勝利，11 月 1 日陳毅向中央及毛澤東舉賢，稱：「華野、山野統一指揮，」「在軍事上多由粟裕下決心。」

　毛澤東和周恩來看後，兩人互看了一眼，彼此心領神會。周恩來道：「陳毅臨陣薦賢，乃大將之風。」

　毛澤東笑了笑：「尊重他的意見。」

　15 日，毛澤東回覆陳毅：「11 日子時電悉，決心在淮打伏甚慰。陳毅、張鼎丞、鄧子恢、曾山、粟裕、譚震林團結合作極為必要。在陳毅領導下，大政方針共同決定，戰役指揮由粟裕負責。」

　12 月 12 日，粟裕到陳毅處。

　13 日，毛澤東又致電陳毅，詢問粟在何處。粟當即回電：已到。毛澤東電文還提示粟裕、譚震林，敵整編十一師到達宿遷後，必將配合整編六十九師向沭陽進攻，如沭陽失守，華中野戰軍主力即難以在蘇北作戰，亦有被迫轉至魯南的可能，對此點的嚴重性必須估計到，並將處理意見及作戰部署報告軍委。

　這是一個以殲宿、沭之敵為重點，兼顧蘇魯兩個方向的部署。至此，宿北大戰拉開了帷幕。

　12 月 13 日，敵十一師十八旅沿宿沭公路進占來龍庵；整編六十九師進占峰山地區，十一師十八旅倚仗著坦克和大砲，很快得手，得手後，十一師師長胡璉迅速向陳誠和蔣介石報功，但陳誠卻在電話中說：「祝賀你，胡師長，但現在暫時不要

報告給委座，到整個戰役打完了再報也不遲，你現在守住你的陣地。配合六十九師作戰，明白嗎？胡師長。」

「明白，我會把握。」胡璉放下電話後，立即轉過臉對他的副官說：「命令部隊堅守陣地，不得隨意進攻。」

六十九師在下午進占人和圩、安仁集、邵店之後，部隊繼續向峰山鎮、峰山進攻，六十九師師長戴之奇打電話給吳奇偉，說他的部隊正向峰山進攻。

吳奇偉道：「戴師長，祝賀你，你是第一個在宿北戰役上為黨國立功的，等仗打完了，我一定在委座面前為你請功！」

「是！吳主任。兄弟絕不辜負栽培。」

戴之奇愛表功，也愛搶功。他給吳奇偉打完電話後，在自己的指揮部裡徘徊。這時，他的副官向他獻計：「師座，您看要不要給委員長打個電話，或者發個電報。」

「不太合適吧，我已對吳主任說過了。貿然越級是大忌，弄不好，老頭子再把我賣了，我本來就已把吳奇偉得罪了，可不願再往傷口上撒鹽，弄得裡外不是人。」

「委座這次是不會生氣的，明天就要開國民大會了。」副官說：「再說，在蔣先生面前，吳奇偉怎麼能和您相比呢。你們是師生關係，而他是什麼？」

「好吧，發報給委座：我部已於今晚8時15分占領指定位置人和圩、安仁集、邵店，現在正向峰山進攻，特告知，並遙祝國民大會順利。學生：戴之奇敬呈。12月13日9時。」

蔣介石接到戴之奇的電報，神情興奮喜形於色、溢於言

表，對陳誠說：「之奇不愧為我黃埔生！」

陳誠聽後，察言觀色：「是啊，委座，戴師長勇猛果斷，難得！其實，胡璉師長在中午就到了指定位置，他給我打電話，要我向您轉告。我說，這是宿北戰役的第一步，再接再厲吧，我會在委座面前為你請功的。」

蔣介石更加眉開眼笑：「好，等這一仗打完，我親自給他們授勛。」

粟裕重新部署後，部隊尚未到達指定位置，敵人已先一步行動，占領了陣地。

「戴之奇和胡璉為其主子還真賣命，這下我們要奪回陣地得付出代價呀，陳老總。」

陳毅叼著他的大煙斗，抽了一口對粟裕說：「命令部隊切斷戴之奇和胡璉的聯繫，選擇其一，將其徹底殲滅，你看怎麼樣？」

「對！我看先拿六十九師開刀吧。戴之奇驕狂貪功，好打些；胡璉則狡猾詭詐，善於觀察。」粟裕說著，走到沙盤前，注視著沙盤上敵六十九師、十一師所處位置。

鄧子恢道：「說不定戴之奇已經向蔣介石報過功了，蔣介石也一定會說，好好幹吧，黨國不會虧待你的。」

張鼎丞說：「這就叫主有所求，臣有所獻。15 日蔣介石要召開國民大會了，怎麼著也得有點兒戰果在大會上炫耀。」

陳毅說：「我們這叫成人之美。」

這時，劉先勝進來報告說：「前線消息，胡璉目前在原地開槍、打炮，就是不向前進攻。」

「好，此戰老蔣輸矣。」陳毅說著，在手上叩了兩下煙斗，又用根火柴掏了掏煙油，道：「通知部隊，作好準備，明晨發起進攻。」

次日 8 時，攻擊開始，霎時炮聲轟鳴，震耳欲聾，爆豆似的槍聲一聲接著一聲，砲彈呼嘯著從寒冷的天空劃過。

殺聲震天，血腥味瀰漫。

12 月 14 日中午，由曹家集向來龍庵進攻的整編第十一師，充分利用附屬砲兵第十五團及第二十五團炮一營的炮火開路，耀武揚威。得到蔣介石讚許的戴之奇坐在吉普車內督戰，不時地從車裡探出頭來喊道：「弟兄們，加快速度，誰第一個踏上峰山官升 3 級，獎賞 5 萬元！」

第二天早上 8 點，整編六十九師預備第三旅在師長戴之奇的親自率領下，殺氣騰騰地向五花頂進犯至前沿陣地之前。出乎敵人的預料，共軍並沒有阻擊，殊不知這正是張震出的奇招。

張震說：「先不要打，讓敵人往裡進，我們給他來一個餓狗撲食，讓戴之奇像條瘋狗撲進來倒地之後，我們再卡住他的脖子，狠狠地打，朝死裡打。」

國民黨整編六十九師第三旅進攻至五花頂頗為順利，沒有受阻。急於求功的戴之奇忙打電話給胡璉：「胡師長，你那裡怎麼樣？我三旅已經占領了五花頂。」

胡璉說：「戴師長，我師弟兄現在呈扇面形狀，向共軍出

擊，共軍潰不成軍，已被我各個擊破。戴師長，你再不抓緊，這軍功我可要一個人包了。」

戴之奇說：「胡兄，別呀。給兄弟留點機會，不然，讓我怎麼向委座交待。」

胡璉說：「好吧，我等你。」

張震沒有讓部隊還擊敵人，他感覺敵人還未發現共軍主力的行蹤，且敵人也急於搶占沭陽和新安鎮。敵人的這種冒進恰恰有利於共軍割裂其戰鬥隊形，各個擊破，予以殲滅。

「撤！讓敵人進。」張震看著大膽冒進的敵人果斷地命令說。

一個優秀的指揮員不僅僅會進，也要會撤，更要會在戰時靈活機動地創造有利於自己的戰機。

進攻！進攻！戴之奇要在宿北奪頭功，才好向蔣介石報功。他知道，蔣介石把他的話傳給他的副長官吳奇偉，是讓吳奇偉感覺到蔣某人是信任他吳奇偉的。其實，蔣介石的內心深處想什麼，恐怕只有他一個知道。反正，吳奇偉手中沒有一兵一卒，就連他的衛兵，也是蔣介石讓戴之奇派的。

戴之奇心裡不服，但表面總是給吳奇偉很大的面子。因為胡璉上面有陳誠，關鍵時候會給他說話的，他戴之奇沒有，戴之奇需要有這麼一個人。

戴之奇給部隊下達完進攻命令後，突然想到了吳奇偉，怎麼沒有向他請示一下？他心裡有些後悔，但此刻為時已晚。也許亡羊補牢，會產生作用吧。於是他又抓起電話，要通了吳奇偉官邸。

電話鈴聲響起，吳奇偉抓起電話，裡面傳出了戴之奇的聲音：「吳主任，我師現在已全部發起進攻，主任您聽 —— 我特地向您匯報。」

吳奇偉抓著電話，聽著戴之奇的匯報。心裡想，你他媽的都發起進攻了，還匯報什麼？但他不動聲色地說：「好，好，我這就向蔣先生匯報。明天國民大會召開，蔣先生一定會很高興的。」

戴之奇說：「謝謝吳主任，我一定加倍努力，不辜負主任的栽培。」

吳奇偉說：「好，祝你馬到成功。」

戴之奇殺身成仁

17 日，整編十一師之第十一旅、十八旅，在飛機、砲兵的掩護下，由井兒頭、曹家集等地向一縱陣地蔡林、張林、高家窪一線進行了猛烈的進攻，企圖解救六十九師之危。一縱頑強阻擊，激戰一日，敵在陣地前留下無數屍體和傷員，未能得手，此時，又遭共軍從傅家湖迂迴之兵力的襲擊，胡璉急命部隊回撤。當日 18 時，第八師對曉店子守敵發起攻擊，在砲兵火力支援下，僅用 25 分鐘便突破敵防禦陣地，並在 5 小時內全殲了預備第三旅。至此，戴之奇依舊命令所部收縮兵力，固守待援。

這一仗打完後，葉飛倒抽了一口冷氣！

原來，17 日上午 8 時，敵整十一師沿宿新公路向峰山八師陣地進攻，中午八師後撤，敵十一師遂向一縱三旅七團陣地猛攻；曉店子敵軍同時也向七團陣地進行反撲，形成南北夾擊之勢。

一時間，宿新公路上敵十一師炮車、裝甲車與步兵互相錯雜，川流不息。

正在這緊急的關頭，陳毅在山野前指給葉飛打電話：「敵人連續攻擊，八師峰山陣地難以抵擋敵人進攻，要求撤退。我已同意，你部接命令後亦速撤。」

「大白天，怎麼撤？」葉飛一聽，好似晴天霹靂。他知道，他所部處在敵人縱深，四面受敵，一個縱隊一萬多人，白天撤

退，無疑是拿著戰友的生命往敵人槍口上送。

不能撤。葉飛心裡堅定著這三個字。

葉飛說：「敵整十一師正向我縱隊陣地瘋狂進攻，並以炮火封鎖了我縱隊後路，使我四面受敵，如果此時撤退，非但將使整個戰役意圖落空，而且還將給部隊造成極大損失！如果可能，我希望前指的領導來指揮。」

粟裕從陳毅手中接過電話說：「敵人封鎖得很厲害，帶一個警衛班也進不去！」

葉飛說：「既然封鎖得很厲害，1個縱隊怎能輕易撤出去？我想，我們在黃昏時退出戰鬥。」

粟裕說：「八師已經撤，你們要迅速撤！」

「現在不能！」

「……」粟裕掛斷了電話。

「……」葉飛將電話摔在一旁。

一見此情形，一縱副政委譚啟龍、參謀長張翼翔都臉露驚色，異口同聲地問：「怎麼樣？」

葉飛說：「白天不能撤，撤是送死，兩面敵人一夾擊，全縱隊完蛋。只有堅持到黃昏，才能衝鋒打開口子，實施突圍。」

譚啟龍、張翼翔點頭同意，於是，他們召集3個旅旅長、政委開會，研究突圍方案。

葉飛說：「我們再堅持4個鐘頭，生死存亡在此一舉，望各部隊要緊密團結，協同作戰。」

「是。」三旅參謀長謝忠良站起來斬釘截鐵地說，「請司令放心，只要一人在，就保證陣地在。」

「好。」葉飛說：「但注意這次不是讓你拚命的，要盡量減少傷亡。」

謝忠良點點頭。

戰鬥重新打響之後，敵王牌軍十一師一一八旅在 12 架飛機和榴彈砲的掩護下，又一次向張林、高家窪陣地猛攻。敵人的攻勢凶猛異常，使陣地工事大部遭破壞，傷亡慘重。同時，敵又以 1 個營的兵力猛攻沈莊陣地，欲打通與曉店子的聯繫；北面的六十旅則欲與北援的十一師打通聯繫，曉店子敵預三旅亦數次北犯一縱的許莊陣地，又妄圖封鎖老虎洞缺口。

最後，一縱三面受敵。這時，葉飛時不時地拿起望遠鏡觀看戰鬥情形。第一次敵攻擊後，一縱失去了一個營的陣地，撤回的只有 6 人，敵第二次攻擊，是密集形的集團衝鋒，中間一個營的陣地又失守，跑回來的只有 7 人。

15 時 30 分時，第七團只剩下最後的陣地了。但離突圍的時間還有 2 個小時，若再堅持，後果將不堪設想，必須當機立斷。此時，葉飛狠狠一拍桌子：「撤！」

命令一下，第四旅、第二旅排成方隊，端著刺刀，以排山倒海之勢，向正在進攻第八團陣地的敵人側翼猛烈衝擊。一縱突擊隊之勢銳不可當，以一當十，殺向敵陣，敵十一師在一縱突然猛烈的反擊下，猝不及防，全線潰敗。一縱乘勝追擊。直到唐湖地域，逼近宿行運河邊。同時，北面的敵六十九師亂了

陣腳，一縱此時雖只有 1 個營兵力阻擊敵六十九師，手上又無重型武器，但此時六十九師隊形混亂，且在一縱指揮所附近潰退。葉飛命警衛部隊、機關幹部、民工等組織成突擊隊，衝向敵群。同時，葉飛又命第一、二旅停止追擊整十一師，而迂迴包圍六十九師一部，並將其殲於田野中。

陳毅聽到葉飛的電話報告說：「真是太出乎人的意料了！」

葉飛說：「謝天謝地，總算一縱的大部分同志都衝出來了。」

此時，以血為代價，一縱、二縱東西兩支部隊在曹集以東地區勝利會師，使戴之奇的整編六十九師所在地陷入了共軍的四面包圍之中。

17 日下午 2 時，陳毅來電話：「韋國清，戴之奇已被我完全包圍，機不可失，從現在起九縱歸你指揮，你們一定要在今天之內集中全力解決戴之奇。解絕不了，不要來見我。」

「陳總放心！我一定提著戴之奇的腦袋來見你。」韋國清簡短地說了幾句，就掛了電話。

17 日子夜，一舉掃清了戴之奇之盤踞的人和圩外圍據點，並對人和圩守敵形成了四面包圍。

與此同時，第八師攻占曉店子，全殲守敵預三旅。敵整編六十九師殘部集結在人和圩、羅莊、苗莊。戴之奇企圖作最後掙扎，但已四面楚歌。

18 日零時，前指下了一道死令：

九旅配合九縱，務限 18 日拂曉前堅決攻下人和圩，不然受

處分。旅、團、營首長不執行命令，就地槍決！

這就是戰場，軍令如山！

接受命令後，二縱於 4 時向敵人發起攻擊，經兩小時激戰攻擊受阻，與敵人形成兩軍對峙。

18 日早，蔣介石又親自打電話給胡璉，命其再次出兵救援，8 時 15 分，整十一師再次全力北援，被一縱和八師各一部擊潰。此時，戴之奇見增援無望，命副師長饒少偉親率六十旅突圍，結果突圍之敵被追殲於荒郊野外。

戴之奇親自部署最後力量突圍，無望之際，他寫一封成仁書給蔣介石後自斃其命。

蔣介石在南京收到戴之奇的遺書之後，不禁老淚縱橫。為此，他在國民大會上說：「宿北一戰，我軍雖然失利，勝敗乃兵家常事，但是，我請諸位記住我們的戴之奇師長，他為國殉難了。目前，我們大敵當前，我希望我們的將士都要以戴師長為楷模，效忠黨國，為黨國盡忠，以圖在未來 3 個月內消滅共匪，望我們忠誠黨國的將士，都要像戴師長這樣，不成功，便成仁，精誠團結，誓死報國。」

蔣介石丟盡臉面還裝出一副大將風度。然而，他的這一番講話也並未能挽救國民黨最終失敗的命運。

蔣介石調兵遣將

　　宿北戰役，敵整編六十九師全軍覆沒。就在戰役結束的第二天下午，蔣介石迫不及待地在國防部召開軍事會議，重新部署兵力，他要撈回他在宿北戰役中失去的面子，以此來回擊那些攻擊他的人，尤其是李宗仁、白崇禧等。

　　白崇禧說：「應繼續讓整編七十四師張靈甫在沭陽與共軍決戰。七十四師武器裝備精良，也善於作戰，而且張靈甫師長勇猛過人。」

　　李宗仁：「崇禧所言極是。」

　　陳誠從李、白的對話中聽出弦外之意，他想了想，說：「依我之見，毛澤東絕對不會讓陳毅、粟裕在沭陽與張師長作戰，就目前而言，他們倒是會在魯南組織兵力，與二十六師、五十一師角逐一場。」

　　蔣介石聽了陳誠一席話之後，有些感動，忙說：「辭修說得對，毛澤東和他的部下陳毅、粟裕都善於打運動戰，所以要馬勵武、周毓英早作準備，只要陳毅的部隊一到，就將他們全部消滅，絕不允許類似宿北的事件再度發生，絕不允許！」

　　陳誠：「我去執行，請委座放心。」

　　12月20日，敵整編二十六師馬勵武部和第一快速縱隊在凜冽寒風中向卞莊、向城開進時，天空中的那輪黯淡無光的太陽像一盞落滿塵埃的燈泡，放射出灰慘慘的光亮。馬勵武坐在吉普車內，他前面有坦克和汽車開道，他身後是緊行慢進的步

兵和騎兵，此時，馬勵武還是有些驕橫的，當他獲知蔣介石要他向向城、卞莊進攻的命令後，他拍著胸脯向蔣介石說：「我馬勵武一到，定會讓共匪不戰而逃。」他的確沒有把華東野戰軍放在眼裡，且連他的同仁五十一師師長周毓英也不屑一顧。他在出發前對他的副官說：「告訴弟兄們，加快腳步，誰先抓住陳毅、粟裕，賞金十萬，官升三級！」

然而，北路五十一師師長周毓英卻沒有這般放肆，當他接到國防部參謀長陳誠的電話通知後，命令部隊「摸索前進，不得冒進。先頭部隊只能到稅郭待命。」

南路行進的三十三軍李玉堂更是老謀深算。他一面命中路的馬勵武加快行軍速度，又一面命三十三軍的先頭部隊占領蘭陵、洪山、向城等地後與北路周毓英聯繫，勸其先「探明前方共軍動向，切不可盲從，馬師長若進就讓他進吧，讓他領教一下共軍運動戰的厲害也好，再說，他的裝備都優於你我二人。」

這一切馬勵武當然不知道。所以他命令第一六九旅占領卞莊、向城地區；第四十四旅占領青山、石城崮地區，第一快速縱隊及砲兵第五團分布於點溝地區；二十六師師部則在馬勵武的帶領下，帶 1 個警衛營進占馬家集。

馬勵武部在最前面，而李玉堂部主力依舊在臺兒莊，周毓英在棗莊按兵未動。馬勵武帶著他的整編二十六師及第一快速縱隊陷入了孤軍深入的狀態。

驕兵必敗。當時的馬勵武沒有意識到。

與此同時，中共方面也沒有停歇。以陳毅、粟裕為首的華

野領導人在得到中央軍委及毛澤東的指示後，反覆研究，做出了具體部署。

戰役第一階段是在北上途中完成兵力部署的。在部隊接近集結地域之前，陳毅又一次召開了師和縱隊指揮官參加的野戰會議，陳毅在會上重申了敵人兵力的情況，傳達了中央軍委及毛澤東的重要指示，宣布了野戰軍對此次戰役的決心及戰役要達到的目標。

同時，為了便於指揮，陳毅將參戰部隊編為左右兩個縱隊，協同作戰。

1947 年 1 月 1 日拂曉前，各部進入指定集結地域。

1 月 2 日，魯南戰役正式拉開序幕。

華野子夜搗老巢

1947 年 1 月 1 日。這天天氣很冷，哈氣成冰。北風呼嘯，掃蕩著空曠的原野，搖曳著那些落盡葉片的枯樹乾枝。

在二十六師師部門前，兩個衛兵挺胸肅立。師部餐廳裡，馬勵武正和他的將官們舉杯交盞，他的笑聲依然是驕橫的：「來，兄弟們，乾杯，捉了陳毅我們再來喝慶功酒！」

馬勵武是黃埔一期生，是蔣介石的得意門生。原屬薛岳指揮，但因驕橫自恃，且仰仗著在中緬戰場上抗日有功，蔣介石對他特別器重，與薛岳鬧了個不可開交，蔣介石把他叫去狠狠罵了一頓，說：「你就不會忍著點嗎？現在有共產黨在搗亂，大敵當前，你起什麼哄？」

馬勵武卻說：「委座，不是學生不聽他的，而是他想挾天子令諸侯，所以，我就不服氣，他打過什麼仗？」

蔣介石：「你呀！這樣吧，你到嶧縣去吧，把快速第一縱隊也交給你，不過這次你只許贏！快速第一縱隊是經國一手操辦起來的，你明白嗎？」

馬勵武說：「學生明白，學生一定不負校長的栽培！」

馬勵武果然不負師之所望。在部隊行進時，憑著自己精良的武器裝備與訓練有素的隊伍，不但敢冒進，還敢在忙中偷閒！

馬勵武驕橫自恃不服上司，更不惜下屬。當時，在二十六

師士兵當中曾流行這樣四句打油詩：

要吃苦，就跟馬勵武；

三月不發餉，還得當二百五。

副官的內人，他納做情婦；

戰鬥一打響，他第一溜之乎。

那日下午，馬勵武在師部與官員會餐後，把作戰參謀馬虎叫至面前，詳細詢問過戰況，迅速做出了近一、兩日不可能有戰鬥的結論，之後他又把副師長曹玉珩和參謀長鄭輔增叫至密室，將指揮權交託二人，自己要去嶧縣「辦事」，二人聽後，大驚。如此大事，他們二人何以能擔當得起？馬勵武安慰道：「兩位仁兄，請放心！如有差錯，我馬某一個人承擔，到時，我去委座那裡請罪。」

副師長曹玉珩和參謀長鄭輔增哪裡敢抗命。馬勵武是他們的上司不說，最關鍵的是馬勵武與蔣介石的師生關係非同一般。

他們不願意為之，而必須為之。

他們臉上無形中都流露出頗為為難的神色。馬勵武見狀，心裡有些不快，但臉上仍掛著笑容，他走在兩人中間，雙手拍了拍他們的肩膀說：「這樣吧，我給三十三軍軍長李玉堂打個電話，他同意了我就去，他不同意我就不去，這行了吧！」

曹、鄭二人無奈地點了點頭。他們都知道李玉堂不會不同意，這不過是馬勵武走走形式而已。

果然，電話中一說，李玉堂同意了他的請求。

馬勵武和兩位副手打了打手勢，縱身一躍，跳上了吉普車。一陣馬達轟鳴之後，揚長而去。

馬勵武是去嶧縣會那個唱京戲的豔紅的。

到嶧縣後，他首先到三十三軍軍部李玉堂那裡，當面匯報了前線的部署情況，之後說：「李軍長放心，我二十六師和快速第一縱隊只等共匪陳毅來犯了。」

李玉堂聽後點點頭，說：「既然如此，馬師長就回去休息吧。今天京戲團到嶧縣演《風波亭》，馬師長是京戲迷，可以去看看喲，那個叫豔紅的女子也來了。唉，對了，經國來電話詢問第一縱隊的狀況，我代你回話，說快速第一縱隊與你在一起，沒問題，他心裡是擔心他的‧張王牌喲。」

馬勵武：「是啊，第一縱隊是大公子的心肝。這樣吧，玉堂兄，你回電給經國兄時，多美言幾句吧。」

李玉堂：「那是自然。」

馬勵武：「好了，李軍長，兄弟我去看戲嘍。」

李玉堂：「回頭見。」

馬勵武果然有雅興，去看《風波亭》了。

1月2日22時，陳毅司令員一聲令下，左、右2路縱隊發起攻擊，山野、華野各部全線出擊。

整編二十六師與快速第一縱隊如無頭蒼蠅，到處亂撞。他們對突如其來的襲擊毫無防備，紛紛倉惶應戰，但因無人指揮，一經接戰，便亂如牛毛，潰不成軍。

華野右路縱隊向四馬寨、石城崮進擊。左路縱隊向卞莊進軍。

嶧縣，二十六師後方指揮部禮堂。

《風波亭》正在演出。馬勵武聚精會神地坐在軟包廂內，一面品茶，嗑著瓜子，一面與陪他的舞女閒聊。

這時，他的副官紀朝聲來到他的面前，貼著他的耳朵悄悄地說：「師座，三十三軍軍長李玉堂來電話說，前線打起來了，二十六師和快一縱腹背受敵，讓你快些回部隊去。」

「電話掛了嗎？」馬勵武「騰」的一下，從座位上站起。

紀朝聲膽怯地答道：「沒有，李軍長還在等您接電話哪。」

馬勵武急忙從座位內走出，然後徑直地朝門口走去。

走到電話處時，電話裡早已是啞然無聲了。

電話線路已被炮火炸斷。

22時，戰鬥一打響，二十六師和快速一縱就失去了統一指揮。馬勵武不在前線，各旅團互不配合，各自保存實力，但到頭來誰也保存不了自己的實力。士兵們暈頭轉向，指揮官不知所措。

左路縱隊在陶勇和葉飛兩部的密切配合下，於當夜包圍了卞莊守敵1個團，切斷了整編二十六師與整編三十三軍的聯絡；右路縱隊在魯中軍區司令王建安、政委向明、魯南軍區政委傅秋濤、副司令員郭化若的統一指揮下，在戰鬥打響之後，切斷敵向嶧縣、棗莊的退路，阻擊嶧縣棗莊來援之敵。下午又攻向

城，割斷第一六九旅與第四十四旅的聯繫。殲滅傅山口地區之敵第四十四旅，切斷整二十六師的退路，控制了嶧縣、棗莊一帶敵人來援陣地，使整編二十六師師部所在地馬家莊處於左、右縱隊攻擊的箭頭之下。

3日早晨，經過一夜激戰，山野、華野左、右2路縱隊已殲滅整編二十六師所轄兩個旅大部。第一快縱亦被挾圍在陳家橋、賈頭、作字溝的狹小地域中。

上午8時，陳毅、粟裕、張雲逸、陳士榘、鄧子恢、張愛萍、譚震林、黎玉、劉先勝以及各師、縱指揮召開軍事會議，決定殲滅第一快縱。

此時，室外天氣陰轉雨，且雨中夾帶著鹽粒般人小的雪花。雨雪交加，寒風刺骨。山野、華野左右2路縱隊指戰員踏著雨水泥漿，英勇殺敵，而快一縱的坦克、汽車則陷在了泥沼之中。

陳毅：「哈哈，天助我也！」

既落重圍，又遇惡劣天氣，整編二十六師和快速一縱是準備撤了。

10時，對面陣地上的二十六師主力開始撤離。華野左、右2路縱隊立即發動攻擊，將快速第一縱隊和第八十旅大部殲滅於陳家溝以西地區。此刻，敵坦克、汽車、砲兵和步兵混雜在一起，混亂不堪地向西湧逃。

道路泥濘，加之道路已被左、右2路縱隊的先頭部隊挖斷，並設置了陷阱，整編二十六師和快速一縱的汽車、坦克突

然間變成一堆廢鐵。左、右２路部隊實施猛烈追擊、側擊、堵擊。

此刻，坐在坦克中指揮撤退的曹玉珩和鄭輔增仍在拚命命令坦克向外突圍，向左右射擊。

陶勇站在雪地裡命令部隊說：「短兵相接勇者勝，採用近距戰鬥，用炸藥包、手雷、集束手榴彈炸坦克，用燃燒手榴彈和秫稭燒坦克。」

左路縱隊戰士冒著雨雪，頂著寒風，穿著溼透了的棉衣，手抱著各式武器，衝入敵陣。

王建安命令部隊說：「砸爛它，讓它成為廢鐵。」

右路縱隊戰士也紛紛衝上前去，用手榴彈炸坦克，有些戰士甚至爬上坦克，用鐵鍬、鎬等工具砸坦克電臺天線、外殼、鏈條，使陷在泥沼之中的坦克成為聾子、瞎子、癱子。

下午３時整，除曹玉珩和鄭輔增率７輛坦克奪路逃出外，整二十六師和第一快速縱隊三萬餘人全部被殲，師長馬勵武被俘。棗莊和嶧縣來援之敵被擊退，整編三十三軍以一部兵力至橫山一帶稍作騷擾後就南撤了。

至此，魯南戰役第一階段宣告結束。

蔣介石得到第一快縱被殲的消息後，氣得簡直快要吐血，「啪」地一聲把水杯往桌上一放：「娘希匹，娘希匹，薛岳是個蠢才，老子一點血本全讓他給拚光了！」

１月９日晚，攻打嶧縣的戰鬥開始。

粟裕率部分精幹人員組成輕便指揮所，到嶧縣、棗莊前線指揮作戰。

10 日晚 6 點 10 分，總攻開始，何以祥第八師率部在炮火開路後，採用連續爆破的形式首先攻破南門，繳獲了 7 輛坦克。這個口打開後，後續部隊緊跟先頭部隊進城，及時地投入巷戰。

晚 8 時 15 分，第九師及二縱第四師第十團，在城內部隊策應下，由東門及東北角突入城內，兩路部隊夾擊，激戰至 11 日凌晨 1 點，全殲城內守敵。

在圍攻嶧縣的同時，粟裕命令，第一師主力對棗莊之敵發起進攻，並以少量兵力監視齊村、郭里集之敵，保障棗莊主力兩翼的安全。

11、12 兩日，一師消滅了從郭里集向棗莊收縮的敵 2 個營，肅清了棗莊、齊村外圍之敵。

13 日，粟裕為使第一師集中精力攻克棗莊，調第一縱隊第一旅替換第一師部隊圍攻齊村。

第一縱第一旅擔任攻殲齊村任務後，迅速部署兵力，於 13 日晚進占齊村外圍，14 日 18 時開始實施炮擊，並進行連續爆破，炸開了大圍子的石砌圍牆和東南方的大碉堡一座，其後，又炸開東門門樓。

15 日，齊村守敵利用有利位置多次向攻城部隊反擊，一旅官兵團結一致，共同對敵，多次打退了守敵的反攻擊。

黃昏，一旅向敵第一一三旅及第三三七團 2 個指揮部的敵人發動總攻，激戰至凌晨 3 時，將守敵全殲，生俘其少將旅長

李玉堂，少將副旅長李樸全，共 2,500 人。

20 日，陶勇部攻占中興，全殲守敵，俘敵師長周毓英。

至此，魯南戰役結束。此役共殲敵 2 個整編師，1 個快速縱隊，共計五萬三千餘人。繳獲坦克 24 輛，汽車 470 輛，各種火炮 200 門。

陳老總破口大罵

　　魯南大捷後，華東野戰軍主力均轉入山東，主要戰場亦隨之轉到山東。在部隊整編的同時進行了部隊的全面整頓，要求全軍統一意志，統一行動，統一組織，統一制度，堅決貫徹人民軍隊的建軍路線。同時補入了一批根據地兵員，調整了戰鬥編組，加強了後勤工作的領導和建設。

　　國民黨在宿北、魯南連遭慘敗後，蔣介石一廂情願地判斷八路軍「傷亡慘重，續戰能力不強」，並偵察八路軍集結的臨沂地區，而臨沂為山東解放區首府，八路軍必將固守。便急忙制定了所謂「魯南會戰」計畫，迫八路軍決戰，以擊破其主力。

　　國共雙方一場更大的較量即將開始。

　　與此同時，陳毅、粟裕、譚震林、陳士榘等華野指揮員判斷徐州之敵可能在很短的時間內會發動新的攻勢，於是決定爭取兩週時間休整，補充給養並做好戰前準備。再根據情況，在敵發動進攻之前，殲滅歐震集團。

　　殲滅歐震集團在魯南戰役時就有打算，只是因當時的時機不妥而放棄。當時，華野攻棗莊的部隊進展緩慢，而歐震集團已推進到新安鎮兩側，其中 2 個師距棗莊僅 15 至 20 公里，故因兵力有限而放棄。戰鬥中，粟裕在分析情況時說：「先攻棗莊，爾後全力對付歐震集團，以避免兩面作戰造成兩頭皆敵的後果。」恰在此時，毛澤東也來電指示：主要兵力先打棗莊，打下棗莊再打歐震集團。

　　毛澤東與陳毅、粟裕的意見不謀而合。

　　事實亦如此。由於當時華野放棄了南打歐震集團的計畫，實施大踏步後退，為主力北上奠定了有利的基礎。

　　南京。蔣介石也在緊鑼密鼓的策劃。

　　魯南戰役後，蔣在自己的官邸召見了陳誠。陳誠不明真相，垂額而不敢言，蔣介石見狀，說：「坐吧。」陳誠遂選一沙發邊緣扶膝而坐。

　　陳誠落坐之後，蔣介石看了他一眼說：「辭修，魯南一戰，國軍損失慘重，你看原因在哪裡？」

　　陳誠忙下意識地從口袋裡掏出手帕，欲擦汗，臉上卻無半粒汗珠。他看了蔣介石一眼，知道這是心情緊張所致。

　　蔣介石見狀說：「莫緊張，莫緊張，隨便說說無妨。」

　　陳誠忙答：「校長英明，學生不才，不敢妄加言論。」

　　蔣介石站立起來，徘徊了數圈後，自信地說：「我判斷，陳毅、粟裕所部在蘇北、魯南連續作戰，消耗極大，不堪再戰；另外，據情報稱，共軍主力已集結於臨沂地區。臨沂是陳毅的老窩。現在我們以 29 個旅的兵力，組成南北 2 個集團，以攻臨沂、蒙陰為目標，南北對進，夾擊共軍，辭修意下如何？」

　　陳誠：「如此兵強馬壯，加上校長指揮有方，共軍必敗無疑。」

　　蔣介石沒有直接回答。他沉思了一會兒，嘆氣道：「唉，只可惜這麼重大的戰役卻沒有可靠的人親自到前線指揮。我老

了，不行了。」

陳誠心領神會，「啪」的一個立正，挺直腰板站立於蔣介石面前，請命道：「如果校長信任，學生辭修願為國家盡力。」

蔣介石一把抓住陳誠的兩臂，用力搖了搖說：「辭修是好學生，沒有辜負我的期望。」

陳誠「啪」的又一個立正，向蔣介石保證：「請校長放心，辭修這一去，必勝無疑！」

蔣介石：「好，等你的好消息！」

陳誠欲轉身離去，蔣介石卻叫住他，把一份委任狀交給他，說：「你要親自去辦理這事。」

蔣介石的委任狀是給郝鵬舉的。郝鵬舉原來是一個土匪頭子，日本鬼子侵略時，他認賊作父，投靠了日本人，並殺害了大量共產黨人。抗戰結束後，共產黨為了停止內戰的善良願望，收留並寬大了這個土匪頭子。但郝鵬舉其人有奶便是娘，透過安插在郝鵬舉部隊內的國民黨特務的籠絡和引見，陳誠在海州將蔣介石的委任狀轉交了郝鵬舉。

委任狀這樣寫道：

茲任命郝鵬舉為第 4 集團軍司令。

此令。

蔣中正

1 月 25 日

郝鵬舉於 1 月 27 日叛變投蔣。所屬 4 個師仍部署於海州外

圍的白塔埠、駝峰地區。

陳毅司令員在得知郝鵬舉率部投蔣叛變之後，憤怒地罵道：「狗改不了吃屎，由他去吧，不過，這筆帳遲早要和他算的！」

粟裕緊鎖眉頭，從木椅上站起來，走到沙盤前，指著郝鵬舉部所處的位置說：「我看把這個白眼狼交給二縱韋國清、張震就行了。」

陳毅：「好，告訴韋國清、張震，要活捉郝鵬舉，我要親自槍斃這條狗！」

2月1日，臨沂，華東野戰軍指揮部。

陳毅和粟裕圍在沙盤前研究作戰方案。他們決心誘敵深入，讓敵北進至臨沂外圍地區再尋機會各個殲滅。

2月3日，陳毅、粟裕命令第三縱隊從正面抗擊中路敵人，其目的在於誘敵左、右兩路突出，追擊第三縱隊，以利尋機殲其一部。

但陳誠也十分狡猾。得到情報後，命令所部「三路兵力就地構築工事，左、右兩路向中路靠攏」。

下午，陳誠又命北線李仙洲集團於當天由明水、博山南進，於4日占領萊蕪、顏莊。

譚震林獲知這一情況後，狠狠地擂了一下桌子，然後走到陳毅的住處，陳毅和粟裕顯然也知道了，二人各坐一木椅，互不言語，唯參謀長陳士榘一人俯身在地圖前，用紅鉛筆標示兩軍所處位置。

譚震林進屋後環視了一眼說：「敵人在和我們泡蘑菇了，而且北線李仙洲和西線王敬久正在靠攏，並排向我推進。」

粟裕：「看來陳誠沒有白交學費。」

陳毅：「是啊，他想耍滑頭。」

正在這時，機要參謀進來把一份來自楊家嶺的電報交給陳毅。電報稱：敵越深入越好打，我打得越遲越好。只要你們不急於求功，並準備必要時放棄臨沂，則此次戰役我必能勝利。」

陳毅看後說：「既然南線敵人重兵密集，戰機難尋，北線敵人孤軍深入，威脅我後方，乾脆改變作戰計畫，二、三縱留在臨沂，偽裝華野主力，與敵周旋，二縱進攻白塔埠、駝峰鎮，討伐郝鵬舉，振奮軍威，打敵氣焰，且掩護主力北上，殲滅北線敵人。」

當夜，各部按原定部署，進展順利，韋國清親率四師主力向後八埠進擊，連連得手，拂曉前已將敵大部殲滅。

7日上午，為了不給敵人以喘息的機會，各部不顧一夜疲勞，連續作戰，向敵人衝擊。

「大家狠狠地打！」張震親臨前線督戰，鼓勵戰士們。

9時，十團在進一步查明敵情、地形的基礎上，重新調整部署，對南圩子守敵發起攻擊。一枚枚砲彈準確地落在敵人的炮樓裡，將敵人的炮樓一座座地摧毀。一營從北向南，二營由東及東南兩面夾擊，一舉突入圩內，戰士鬥志高昂，一時殺聲震天，很快敵人就被迫繳械投降。戰鬥不到1小時，守敵被二縱全殲，俘敵七百餘人。

與此同時，十一團一營、師屬砲兵營在商莊地區截殲了由王小埠子東逃之敵五百餘人。此時，五師十三團一營一連跟蹤追擊，在十四、十五團的配合下，很快就將由上林突圍逃跑之敵三百餘人全殲。在二縱猛烈攻擊下，敵二師師部倉惶突圍，結果被中共六師全殲。

7月18日，另一部敵人在二縱猛烈攻擊下，倉猝組織突圍。四師在六師的密切配合下，趁敵人軍心動搖，發起攻擊。「同志們，衝啊！」十二團一、三營以突然勇猛的動作首先突破了敵人的防禦陣地，衝入鎮內，與敵人展開激烈的巷戰。十團一、二營也隨之攻入白塔埠，與敵人短兵相接。

十二團三營七連在教導員率領下，勇猛穿插，大膽迂迴，在戰士們「放下武器，繳槍不殺！」的吶喊聲中，兵敗如山倒的敵人紛紛繳械投降。寧做俘虜，不做蔣介石的炮灰。就這樣，七連1個連就俘虜了敵人1個營。指戰員們乘勝前進，直逼鎮東叛逆郝鵬舉總部大院，並以機槍封鎖了大門，戰士們向院內連投手榴彈後，衝進了大院。大院裡橫七豎八地躺滿了敵人的屍體。在一間密室裡活捉了叛逆郝鵬舉，並迫令其所屬全部繳械投降，貪生怕死的郝鵬舉見大勢已去，只好命令部下像他那樣舉起雙手。討伐郝鵬舉的戰鬥遂告結束。

此役全殲其四十二集團軍總部及二師、四師共七千餘人，活捉郝鵬舉本人。

郝鵬舉背叛還不到10天，充當國民黨第四十二集團軍司令還不到1週即為二縱所俘。

幾名戰士把郝鵬舉押到韋國清、張震面前。郝鵬舉早已面無人色。

　　韋國清對身邊的作戰參謀說道：「快去給陳老總發電報。」

　　「報告粟副司令，二縱韋國清、張震同志來電。」作戰參謀劉謀文快馬趕到粟裕面前，報告道。

　　粟裕：「念。」

　　劉謀文念道：「陳毅、粟裕、譚震林同志，我縱遵照野司命令，以迅猛突然動作向東南挺進。7日在白塔埠、駝峰地區殲叛敵郝鵬舉部四十二軍主力，生擒郝鵬舉，現我正向海州進發，希誘敵主力東援，再尋機殲敵。郝鵬舉已被我部派人押送野司，請野司首長嚴懲叛將，以振軍威。韋國清、張震。2月7日下午。」

　　粟裕：「速將此消息傳達至全軍官兵，郝鵬舉交陳毅同志處理。」

　　陳毅親自槍斃了郝鵬舉。陳毅在槍斃郝鵬舉之前，郝鵬舉一見陳毅就雙膝跪地，請求饒他一命，表示一定痛改前非，立功贖罪，重新做人。陳毅說：「你血債纍纍，我們饒了你三次了！這是我叫你做人，你不做人，你就做鬼去吧。」隨之「啪」的一聲槍響，郝鵬舉倒地。這個到處叛逆的人就這樣結束了他罪惡的一生。

　　這一槍聲同時也使陳毅的心頭之恨得以冰釋。

殺妻悍將張靈甫

2 月 15 日，華野主力奉命北上。

南線敵軍繼續向臨沂進逼。二縱在韋國清、張震的率領下，同三縱完成節節抗擊的任務後，放棄臨沂，給歐震唱了一出「空城計」。

南線歐震集團在攻占臨沂之後，便急急忙忙向蔣介石、陳誠稟報說：「臨沂一戰，國軍精誠團結，浴血奮戰，共殲滅共軍 6 個旅，初戰告捷，我南線集團將按委座及陳總長之部署，配合黨國之其他部隊共同奮戰，再立功勛。」

蔣介石、陳誠得知勝利「喜訊」後，立即發電給歐震，傳令嘉獎所有有功和參戰人員。

國民黨宣傳部長在宣傳部召開的記者招待會上信口雌黃地說：「我國軍已於本月 15 日占共匪陳毅部的老巢臨沂，此戰獲勝，是我國軍在魯南決戰的決定性勝利！」

陳誠在會上更是吹牛：「陳毅殘部已無力與國軍作戰，現正欲與劉鄧部會合，國軍正在圍剿之中，山東大局指日可定。」

吹牛歸吹牛。殊不知，此時，南線國民黨軍隊已陷入華東野戰軍重重包圍之中。

不久，中共在萊蕪大捷，全殲國軍五萬餘人。活捉第二綏靖區中將副司令李仙洲和第七十三軍軍長韓浚。

宿北、魯南、萊蕪戰役，使國民黨元氣大傷，同時，也使

蔣介石傷透了腦筋，氣得他像一頭鬥急了的快要發瘋的牛，急欲拚命地要尋找陳毅、粟裕再次較量，決一雌雄。

但他卻如入無敵之陣。

從 3 月 5 日，蔣介石一直都在尋找戰機，但他沒有找到。為此，他改變了原來的作戰方針，由全面進攻轉為重點進攻，即集中兵力向陝北和山東解放區大舉進攻，並急不可待地打出了他的那張王牌中的王牌——整編七十四師。

該師原為第七十四軍，國民黨整軍會議後，第七十四軍改編為整編七十四師。轄五十一旅、五十八旅共三萬餘人。當時，蔣介石在遴選這個王牌師的師長時，有好幾個人豔羨這個肥缺，其中李天霞倚仗錢大鈞作後臺，爭奪這個位置，仗老長官俞濟時、王耀武力保下，悍將張靈甫才得以出任師長。

王耀武在任時，該軍實力達到頂峰，擁有五萬多人。傳到張靈甫已是第 4 棒，前幾任俞濟時、王耀武、施中誠都有纍纍「戰功」、「赫赫威名」，張靈甫深知，要能在蔣介石眼皮底下坐得住，只有以「大功」相報。其實，張靈甫能坐在整編七十四師師長這把交椅上，實屬不易。

張靈甫其人其事頗多軼聞，很有點經歷可談。

張靈甫，原名鐘靈、字靈甫，陝西長安縣人，1902 年出生。幼年時，在私塾接受啟蒙教育，讀《四書》、《五經》，同一般的學童無異，10 歲那年，進小學唸書。1921 年，考入陝西省第一師範學校。在學校唸書時，國文成績優良，尤喜歡學習古文，對舊體詩詞有濃厚的興趣。愛寫字畫畫，經常臨摹何紹

基字帖。每逢假日，便帶著筆墨紙硯，到西安文廟去臨摹唐代著名書法家碑帖，有時誤了吃中飯，就買一塊鍋盔充飢。他還愛好歷史，常與志趣相投的同學談古論今，評論中外，表現出一個多愁善感、好學、氣盛的青年學子氣質。他在那個時期是一個不甘寂寞、四處求學、思想活躍、闖蕩社會的年輕人。

1925 年，張靈甫從師範學校畢業後，與同學數人赴河南，投入胡景翼部駐豫軍官訓練團。這時，黃埔軍校正在開封祕密招生。他經友人介紹，通過考試被錄取。在上海轉接祕密關係時，遇到陝西鄉黨老同盟會員于右任，請其寫了介紹信。這年秋，與劉志丹等陝西青年，到達廣州，進了黃埔軍校第四期步科。當時，按考生考試成績分為軍官團和預備軍官團，張靈甫因考試成績差，編在預備軍官團第二連。

1926 年 10 月，張靈甫從黃埔軍校畢業，被分配到第一軍第二師當見習軍官，旋任一團二營三連三排排長，隨軍北伐。一次在同孫傳芳所屬盧香亭部作戰時，張靈甫根據敵強己弱的情況，向營長建議採用夜戰偷襲戰術，攻敵不備，被採納。張帶全排主動請纓，夜襲盧部大獲全勝，張靈甫雖右腿負傷，但以其表現升為連長。

1928 年秋，第一軍駐徐州九里山，奉命縮編為陸軍第一師。這支部隊是蔣介石的家底子，視同己出，是蔣之嫡系親兵。張靈甫調任該師三旅六團一營二連連長。這期間，參加過中原大戰等戰役。1931 年，升任一師五團三營營長。

1934 年，胡宗南任第一師師長，奉蔣介石命令，率部從

湖北黃陂追擊紅四方面軍。張靈甫拜為前鋒，行動迅速，一度與紅軍發生白刃戰，雙方傷亡慘重。戰鬥結束時受到胡宗南的傳令嘉獎，被提升為獨立旅一團中校團長，率部進駐甘肅。次年，獨立旅與紅四方面軍激戰一週，雙方傷亡慘重，旅長丁德隆指揮的1個團損失殆盡，而張靈甫團卻保存了實力，再次受到胡宗南的嘉獎。

紅軍長征到達陝北後，胡宗南奉命圍剿陝西革命根據地。這時，張靈甫率部追擊紅一方面軍至甘肅岷縣，從馬上摔下，跌傷了腿，將部隊交給副團長指揮，自己到西安養傷。

後張因懷疑自己妻子有外遇就槍殺了妻子。他無辜槍殺妻子的事情傳出後，妻子娘家憤而向法院上告，但被官官相護的法院壓著狀子不辦。後來，在各界群眾的強烈呼籲下，由西安婦女協會出面，他妻子娘家再次寫出狀子，經張學良夫人于鳳至轉給南京的宋美齡，強烈要求嚴懲殺人的凶手，為婦女申張正義，維護女權。這一事件直至驚動了蔣介石，蔣看信後很生氣，罵道：「娘希匹！不爭氣！」立即電令胡宗南將張靈甫解往南京監禁法辦。

胡宗南視張靈甫為心腹之將，現在既然老蔣發話監禁，他也只好抓人。但他既沒綁，也沒有派人押送，而是由張靈甫獨自到南京去。一路經過洛陽、鄭州、徐州等地，因帶的路費少，走了不到一半路程就囊空如洗。這時，張靈甫不甘為乞，想起來他還有一個特長可以謀生，便以賣字來擺脫困境。他自幼就模仿于右任的字體練習寫字，從軍以後也一直沒有停過。

因而寫得一手好字。當時南京有很多商號的招牌都出自他的手筆。這次，他每走一段路就從集鎮上找來宣紙寫幾幅，走一路，賣一路字。到南京後，他請求見蔣介石，但蔣拒絕出面，將他關進了「模範監獄」。當然這個為蔣立過功的團長並沒有被當作牢犯看待，他還享有一定優待。實際上關他入獄，不過是掩人耳目罷了。獄中他仍可自由地活動，每天除了吃飯、睡覺，就練習寫字，倒也輕鬆，甚至還將所寫的字送給監管人員作紀念。這樣關了一年多，蔣介石一直沒有指示有關部門審理。他給友人的信中說：「為殺妻室當楚囚」。

「盧溝橋事件」發生後，南京國民政府下令，所有服刑官兵，除「政治犯」外，一律調服軍役，戴罪立功，並保留原來軍銜。曾任張靈甫上司的王耀武便向蔣介石求情：「張鐘靈這個人作戰很有本事，現在抗戰需要幹部，莫不如讓他出來戴罪立功。」此言正中老蔣下懷。隨即，張靈甫被祕密釋放了。返回第七十四軍五十一師的王耀武手下任職，並將原名張鐘靈改為張靈甫。

「八一三」淞滬會戰序幕一揭開，張靈甫就任第七十四軍五十一師一五三旅三〇五團團長，隨王耀武開赴前線，參加上海保衛戰。1937 的 8 月，日軍進犯淞滬，時任三〇五團上校團長的張靈甫奉命扼守曹王廟等要地，與日軍久留米師團決戰數月，日軍終未得逞。11 月下旬蘇州告陷，率部奉命堅守望亭，拒敵西進，曾於京滬鐵路線 137 號大橋與敵血戰 3 日，完成排斥任務。12 月初，七十四軍轉至南京外圍淳化鎮、上方鎮一帶。張靈甫所部任上方鎮東北屯一線守備，接防之日親率全團

官兵遙拜國父孫中山陵寢，誓與首都共存亡，全場為之感泣。旋日軍先攻淳化鎮，續攻上方鎮。張靈甫沉著應付，於兩晝夜激戰中屢挫敵鋒，雖左臂負重傷，猶裹傷戰鬥，左右勸其渡江就醫，張靈甫力言：「昔項羽兵敗勢蹙，猶不願渡烏江，余安忍辱遽渡長江乎？當與敵決生死以踐誓言。」後經長官部再三勸說，始怏怏離隊就醫。

1939 年 3 月高安告急，張靈甫率部馳援，親赴前線督戰，右膝中彈骨折，然猶毫不為意，直到主力到達才離隊到桂林養傷。1940 年升為七十四軍五十八師副師長。1941 年 3 月上高會戰，張靈甫代理師長率部參戰，獲得上高大捷，張部居功甚多，同年張升為五十八師師長率部入桂。

1943 年張率部先後參加鄂西會戰、常德會戰，1944 年又參加常稀會戰，在寧都與日軍血戰 3 晝夜，大有收穫，8 月初進軍稀陽、迭克雞窩山、金蘭寺等地，獲忠勤勳章和美國金全自由勳章，並晉升七十四軍少將副軍長。在對日作戰中，張靈甫確實賣力指揮，打仗也真用腦筋，很得上司器重。在七十四軍隊伍中，他憑著有點文化涵養、有點聰明加上苦心鑽營，親身力戰，先後擔任副師長、師長、副軍長等職。

1944 年下半年，張靈甫被選拔到陸大將官班受訓。而此時，他作為少將副軍長，本來只能進乙班，經申報蔣介石批准，進入甲班，成為該班唯一的少將級軍官。這對於那些夢寐以求向上爬的國民黨軍人來說，不啻是一個晉升的中轉站，能站在這個路口，前景自然看好。果然，畢業後不久，張靈甫回

到七十四軍，即升任軍長。一個原本是念私塾的後生現在搖身一變，似脫胎換骨一般成為一個心驕氣盛的國民黨主力軍的軍長。1946 年 4 月張靈甫以七十四軍軍長之身兼首都警備司令之職，成為戍守南京之幹將，深得中樞倚重，一時炙手可熱，權傾天下。

　　1946 年蔣介石挑起全面內戰。張靈甫由徐州綏靖公署副主任李延年指揮，率整編七十四師向蘇北新四軍進攻，連占宿遷、泗陽、淮陽、淮安等城，李延年曾吹噓說：「有 10 個七十四師，就可以統一中國。」王耀武也誇海口：「中國軍隊只有七十四師能戰，是我親手培養起來的。」10 月 19 日，張靈甫又率部進犯漣水，受到華東新四軍迎頭痛擊。但他很不甘心，於 12 月 16 日再犯漣水城，由於新四軍兵力太少，死戰後終於放棄了漣水。這時，張靈甫更加不可一世，以為新四軍不堪一擊。他向蔣介石誇下海口：「委座，把新四軍交給我張靈甫吧，有我們七十四師，就無新四軍葬身之地。」

　　蔣介石發動內戰 8 個月來，雖然侵占了解放區一百多座城市，國民黨軍卻被殲滅了七十餘萬人的兵力。由於戰線過長，兵力不足，國民黨士氣低落，在各個戰場上失去了主動權。轉而將其進攻主力部隊集中在陝北和山東戰場，實施重點進攻，妄圖消滅或將人民解放軍壓迫到黃河以東以北地區，然後再轉移主力部隊到華北、東北戰場。

　　此次，蔣介石點將，張靈甫覺得正是報效黨國、報效蔣家的好時機。機不可失，時不再來啊！張靈甫早已躍躍欲試。

百里回師走神兵

1947 年 5 月，蔣軍侵占津浦線後，3 個兵團一線擺開，向北席捲，企圖同華野主力決戰於沂蒙山區。

在敵人氣勢洶洶的攻勢面前，中央軍委的作戰值班室裡，料敵如神的毛澤東正在一張展開的地圖前，分析敵情，研究對策。此時，主席認為，形勢危急但存在著維妙之隙。從表面上看，敵軍密集不好打，但只要有耐心，總有殲敵的機會。膠濟路以南廣大地區仍可誘敵深入，讓敵占領萊蕪、沂水、莒縣，陷入極端困境，然後殲滅，並不為遲。接著，主席徵求了朱德、周恩來的意見，一封加急電報直接發到華野總部。

……蔣軍攻勢凶猛，我軍不必急躁，以疲治急。一要有極大耐心，二要掌握最大兵力，三要不過早驚敵人後方。凡行動不可只估計一種可能，而要估計兩種可能，在局勢不定時，我主力宜位於應付兩種可能之地點。

中共中央軍委和毛主席的這些指示，及時糾正和克服了八路軍一部分幹部中出現的焦躁情緒。大家胸有全局，比較清楚而深刻地理解了調動敵人、誘敵深入的妙處，教育部隊運動作戰，待機殲敵。

華東野戰軍根據敵一、二、三兵團全面展開進攻，尤以第一兵團的整編七十四師張靈甫部更為驕橫突出，八路軍主力正位於敵人兩翼，空隙較大，可集中優勢兵力殲滅該敵的戰況。於 5 月 12 日決定首先殲滅整編七十四師張靈甫部。

其實，「首先殲滅整編七十四師」的決心，是驕橫自大、目空一切的張靈甫本人替華野下的。

5 月 10 日，風雲突變。

敵右翼第七軍及整編第四十八師進至苗家區、界湖一帶，並有進犯沂水趨勢。11 日傍晚，許世友率九縱與兄弟縱隊奉命連夜東進，聚殲頑敵於沂水、蘇村之間。此時，湯恩伯驅使第一兵團北犯，整編第七十四師進展較快，兩翼出現空隙。孤軍突出，正是大好戰機。華野首先毅然改變戰役決心，急令東進各縱火速回師，迎殲第七十四師於坦埠以南、孟良崮以北地區。

正在急行軍途中的許世友從華野摩托通信員手中接到送來的命令。他一看要與張靈甫交戰，頓時來了精神，不禁隨手掏出駁殼槍，在手中拋了兩下。好一支駁殼槍啊！明日要與你的失主交手，怎不令人心中激動萬分！上次兩虎交戰，許世友僅奪其槍，沒有擊斃其人，給他留下了無限遺憾。今日，狹路相逢，許世友決心用此槍報銷此人。於是，他手舉駁殼槍，連向夜空開了三槍，命令部隊停止前進，當即組織部隊掉頭西進。

戰士們一邊急匆匆地往回趕，一邊興沖沖地說笑開了。這個說：「好啊，陳老總的電報啪啪啪，咱們的飛毛腿嚓嚓嚓！」那個說：「咱們成了司馬懿的大軍 —— 後衛變前衛，倒退 40 里！」

「不！」有人駁斥，「咱們不是司馬懿的大軍，是諸葛亮的大軍。陳老總神機妙算，你瞧著吧，敵人又在乖乖地聽咱們調動了！

部隊越走情緒越高，往返一百三四十里地，於 10 月 2 日清晨趕到坦埠一線，顧不上吃飯休息，立即選擇有利地形，構築工事，準備戰鬥。

指戰員們聽說要打七十四師，個個精神振奮，摩拳擦掌，戰士們說：「別看七十四師吹乎得那麼神，我們專揀硬的打，砸爛它這顆硬核桃！」

「敵人是鐵，我們是鋼！」

「誰是英雄，誰是狗熊，孟良崮上碰一碰！」

5 月 12 日，晨霧剛消，敵七十四師五十一旅一部分迫擊炮向九縱前沿陣地轟擊，攻勢異常猛烈。守備部隊沉著應戰，伺機反擊。在藍寶石陣地，七十四團 1 個連打退敵 1 個團的 5 次進攻，最後彈盡糧絕，在無可奈何的情況下，戰士們用石頭砸向敵人，扼守陣地 3 個小時。傍晚，後續部隊上來，毅然堅守陣地。

曙色微熹，敵五十一旅又以 1 個團為先導，兵分三路向馬山進逼，遭到大量殺傷。敵五十八旅 1 個團，於 12 時強行攻占八路軍陣地。黃昏時分，許世友又重新組織部隊，一個反突擊，接著又把陣地奪了回來。

經過兩天兩夜的激戰，整編第七十四師僅前進三、四公里。按照華野命令，守備部隊白天堅守，入夜即要撤下陣地。這種打法，可以說是輕牽硬拽。從整個孟良崮戰役意圖看，這樣可以牢牢拖住七十四師，使其欲攻不克，而又欲罷不能，以利兄弟部隊實施緊縮包圍。這天，部隊反衝擊後情緒很高，參

謀長聶鳳智請示許世友，問道：

「怎麼樣，今天晚上部隊還撤不撤？」

「上級叫打就打，叫撤就撤，沒有什麼二話！」許世友斬釘截鐵地回答。

九縱和友鄰縱隊力挫頑敵鋒芒、拖住七十四師之際，兄弟部隊從兩翼勇猛插入敵人縱深，斬斷張靈甫師與左、右鄰的聯繫，使張靈甫部更處孤立。

整編七十四師被圍困的消息傳到南京總統府，蔣介石聽後心裡不禁一陣刺痛，眼前頓時出現一片黑暗。他身子歪了一下，正好被蔣經國扶住。蔣經國把他父親扶至椅子上坐下說：「您沒事吧？」

蔣介石閉著眼睛，擺擺手，示意其離開。蔣經國看了他父親一眼，倒了一杯白開水，放在父親面前，然後轉身離開。

「經國，」蔣介石在兒子走到門口時，叫道：「給顧祝同發報。」

蔣經國說道：「父親，您說吧，我記錄。」

顧司令祝同兄並恩伯、靈甫兄勛鑑：

今已得知靈甫之七十四師被圍孟良崮，甚驚，又甚喜。其驚之因是靈甫被困，隨時都有危險發生。其喜之因是靈甫給我國軍尋找了一個殲共軍陳、粟部於孟良崮的大好機會。因為我七十四師戰鬥力強，裝備精良，且處在有利地形；再之，有恩伯、敬久、歐震三兄大軍雲集，正是我國軍同陳、粟決戰的好機會，現命七十四師靈甫部堅守陣地，吸引共軍主力，再調 10

個師增援七十四師，以圖裡應外合，中心開花，夾擊共軍，決戰一場，殲陳、粟大部或一部之兵力，一舉改變華東戰局。總之，一切均仰仗於諸位精誠團結，協同作戰，為黨國之順頌大業獻身出力，乃千秋之榮也。

蔣中正

張靈甫也在回覆蔣介石的電報中口出狂言：「我七十四師堅守孟良崮固若金湯。望校長放心，靈甫決心固守孟良崮，吸引共軍。但希望新泰之第十一師等 10 個師迅速向我增援，以構成內外夾擊，與共軍決戰。我師建制完整，又處於戰役中心，只要空投彈藥及糧食，飲水及時供足，外援友軍及時效力，精誠參戰，此時殲陳、粟大部可成定局，我國軍必勝。否則，學生將以身殉國，殺身成仁，報校長多年之教誨。學生靈甫叩呈。」

八路軍布下了天羅地網，整七十四師張靈甫部困獸猶鬥。

阻擊戰艱辛異常

　　孟良崮及其周圍山頭，方圓不過數十里，全是清一色的石頭山。山峰陡峭，怪石聳立，草木稀疏。敵七十四師近 4 萬人聚集在山上，飢無食，渴無飲，工事無法構築，人馬無法隱蔽，處境極為狼狽。八路軍指戰員們嘲弄地說：「瞧瞧蔣介石、陳誠的『天才』指揮吧，又下了一著死棋！」

　　「張靈甫呀張靈甫，這一下要演一出『馬謖失街亭』了！」

　　圍殲強敵七十四師之時，援敵距孟良崮地區近者一二天，遠者才三五天的路程。無論攻殲七十四師，還是打擊增援之敵，都是艱鉅的任務。攻者要快，趕在援敵到達之前；阻者要堅，保證戰役得以順利進行。華野以 5 個縱隊圍殲七十四師，4 個縱隊擔任阻援，主攻方向在東北。

　　總攻的前夜是沉寂的，空氣是凝固的，凝固的空氣好像要在沉悶中爆炸一樣。倏然，一發砲彈越過沉寂的夜空在孟良崮頂炸開，打破了這死一般的沉寂。霎時間，八路軍全線指戰員向孟良崮發起總攻，此時正是 5 月 14 日拂曉。在猛烈的炮火轟擊下，整個山地硝煙瀰漫，山石亂飛。由於敵人密集擁擠，八路軍一顆砲彈落地開花，彈片夾雜著炸起的石頭，一彈成多彈，敵人死傷一大片。

　　孟良崮陣地上屍體一片，縱橫交錯。

　　「媽的，這老天爺分明是在跟我們作對，這幾天老是把一個大毒日頭送給我們，難道它就不會下雨嗎？日頭再這麼晒，屍

體就要發臭了。」

蔡仁傑站在戰壕內，望著處境狼狽的七十四師。所有的汽車、大砲、坦克在上山時都丟給了共軍，讓共軍不花一文錢，撿了一個大便宜。再看山上那些曝晒在太陽下的士兵，敞胸露懷，歪戴帽子，跛拉著鞋，一個個滿臉土垢，蓬髮如鬃。難道這就是蔣介石、陳誠、顧祝同的天才指揮？分明是一招死棋，還要死守在這禿山野嶺！更讓蔡仁傑擔心的人是張靈甫，一向孤高自傲從不把任何人放在心裡，萬一拚到最後，誰也不來救我們，我死無所謂，問題是這幾萬弟兄，弄不好，就又是一出馬謖失街亭，那時，哭天抹淚⋯⋯

張靈甫：「蔡副師長，找水的人回來了嗎？」

蔡仁傑：「我再打電話問問。」

與此同時，韋國清在電話裡告訴各師：「你們要不惜一切犧牲，不惜一切代價，堅決完成任務，保障戰役全勝。誰延誤戰機，拖了後腿，我就槍斃誰。」

蔣軍援敵懍於整七十四師被殲後，回去不能向老蔣交差，竭盡全力組織兵力向八路軍攻擊。

15 日 10 時，湯恩伯轉來一封蔣介石致張靈甫的電令，稱：「匪來犯我實難得之殲匪良機，貴師為全局之樞紐，務希激勵全體將士堅強沉毅固守孟良崮，並以一部占領堆莊，協同友軍予匪痛擊，以收預期之偉大戰果。目前戰局貴師處境最苦，而關係最重，本日空軍全力來助，只要貴師站穩，則可收穫較大之戰果，亦即貴師極大之功績。務希轉告全體將士一致堅毅奮

鬥，以達成此偉大任務。」

15 日、16 日，敵人集中八十三師、七軍一七二師、一七一師、一三八旅一部向二縱全面展開進攻，戰鬥徹夜進行，爭奪十分激烈，尤以鼻子山、高柱山、磊石山之線最為猛烈，激戰兩日夜，敵人毫無進展，僅八十三師奪回高柱山，七軍占領五神堂，但最終還是回天無術，未能挽回七十四師的命運。

二縱和其他阻援部隊一樣，浴血奮戰，與敵人進行了艱苦卓絕的戰鬥，將 10 個整編師，三十多萬敵人援軍阻擋在孟良崮戰場之外，最近的距孟良崮才 5 公里。但援軍不管蔣介石怎樣訓示嚴令，也不管湯恩伯怎樣動員乞求，就是始終前進不了一步。

蔣校長推卸責任

經過三天三夜的激戰，此時，身經百戰的張震感慨萬千，他用望遠鏡眺望著，耳邊的炮聲猛烈地轟響著，東邊、南邊、東北邊、東南邊敵人的增援部隊向八路軍外線阻擊陣地攻擊的炮聲，也越來越猛烈起來，他仰首望望天空，東方已發灰白，敵機成群結隊，川流不息，在孟良崮周圍，在八路軍扇形的阻擊線上不停地轟炸、掃射。在他的感覺裡，敵人已在竭盡全力作最後幾分鐘的拚鬥、掙扎，當前的戰鬥，正在勝利的邊緣上。殲滅七十四師的圓滿的勝利，和使敵人逃掉一部分的兩個不同的結局，在他的眼前交替出現。此次戰役，二縱雖沒有擔任主攻，然而，阻擊敵人援軍，責任同樣重大，任務同樣艱鉅。如果敵人鑽了空子……

兩軍相戰勇者為勝。

而在孟良崮戰役的主戰場上，則是另一番景象：

入夜，被圍之敵紛紛升火做飯，滿山望去，星星點點，火光閃爍。八路軍的砲兵見火光就打，一頓炮火過後，整個山頭一片漆黑，呈現死一般的沉寂。九縱各部不待敵人喘息，連夜猛攻。15 日上午 11 時，友軍二十六師強行攻占了敵主力扼守的要點雕窩峰。敵人不甘失敗，瘋狂反撲，八路軍指戰員前僕後繼，勇猛突擊，與敵人在山頭展開激烈的爭奪戰，幾上幾下，最終打垮了敵人的多路進攻。

翌日天晴，火焰般的陽光，射到山川大地，乾枯的黃土、

岩石正吐出它所吸收的熱。天空浮雲縷縷，沒有一滴雨水。敵人糧盡水絕，飢渴難耐。而八路軍二十五師控制的野貓圩溝，有一眼山泉。敵人在機關槍、迫擊炮的掩護下，發起集團衝鋒，爭奪水泉。二十五師七十三團，打垮敵人二十多次衝鋒。敵人在野貓圩溝留下一大片死屍，卻沒有得到一滴甘泉。被圍困的敵人忍不住飢渴，有的飲馬血、吞馬肉，有的連馬尿、人尿也給喝掉了。敵全師官兵的糧彈給養，只能依靠蔣介石派飛機空投接濟。為了給飛機指示投落點，敵人在山頭擺開識別標誌。敵擺旗八路軍也擺旗，敵人由紅布換白布，八路軍也由紅布換白布。飛機駕駛員在空中無法分辨真假，空投下成包的饅頭、稻米、餅乾、牛肉等食品和許多彈藥，大部落入八路軍的手中，戰士們吃到敵人從徐州緊急趕運來的饅頭，還熱乎乎的呢！敵機空投下的橡皮水袋，未等落地，被八路軍戰士擊穿多處，袋中貯水流失殆盡。敵官兵好歹得到一點空投食物，各部之間你爭我奪，以至發生內戰。正當八路軍的迫擊砲彈打光了的時候，得到敵機投落下的成箱成箱的迫擊砲彈，大家更是喜出望外，隨即填進炮膛，石塊、鹿砦、鐵絲網被炸得飛上半空，爆發出一陣陣的歡呼，滿山歌聲四起，唱著：

運輸隊長蔣介石，

我們打仗他幫忙。

沒有彈藥他空投，

沒有吃的他著慌。

夜間我們去襲擊，

白天讓他晒太陽。

……

張靈甫見情況不妙，連連向蔣介石發報。

5 月 16 日，戰鬥進至白熱化階段。

在八路軍包圍圈裡的最後幾個山頭，敵人在反覆突擊中傷亡很重，龜縮於狹小山地之中，人馬混成一團，互相踐踏。在悍將張靈甫的威逼下，成群的敵人拚死向八路軍反撲過來，妄圖殺開一道缺口，奪路而逃。八路軍奮力攻擊，奮勇衝殺，與敵人展開白刃血戰，戰鬥異常激烈。有的山頭經過反覆爭奪，拚刺刀達十五六次。

此時，敵人的援軍正發瘋似地從四面撲來，擔任打援、阻援的各縱隊奮力戰鬥，英勇阻擊，打得很艱苦，很頑強。現在敵各路援兵已節節逼近。敵二十五師、八十三師已逼近八路軍包圍圈，並與七十四師相距 5 公里，此時，雙方已構成交叉火力。聚殲七十四師，成敗在此一舉。

「現在要不惜一切代價，把孟良崮拿下來。你們打掉一千，我給你們補一千；打掉兩千，我給你們補兩千。誰打下孟良崮，誰就是戰鬥英雄！我給他掛紅花！」陳老總在電話裡以他特有的洪大嗓門命令擔任主攻的各縱隊。

在敵人的陣地上，張靈甫親自督戰了一會兒，就讓蔡仁傑接替督戰，他自己則向蔣介石、顧祝同、湯恩伯以及其他友鄰部隊八十三師李天霞、二十五師黃百韜打電報、電話求救。

其中，他給八十三師師長李天霞的電話尤為發自肺腑。他

在電話中說：「李師長，看在你我弟兄一場，在兄弟危難之機，拉兄弟一把吧。」

張靈甫不知道，此刻，李天霞正遭二縱將士頑強阻擊。

李天霞在電話中無可奈何道：「張師長，這話你就見外了。我李天霞怎麼能見你老兄受難而不救呢？請你務必再堅持3小時，我的部隊會給你解圍的。」

李天霞的部隊是在途中，但受八路軍阻擊，速度緩慢。

張靈甫此時已哭天無門，但他怨誰呢？怨人不如怨自己。誰讓自己驕橫自恃，目中無人呢？不然不會這樣的。他放下電話後，又想起了黃百韜。於是，他又給黃百韜去了電話，黃的回答，與李的一樣。

蔣介石收到張靈甫的電報後，深深感到事態的嚴重性，那一刻，他正與乾女兒、陳誠的夫人譚曼意在跳舞。立即給李天霞、黃百韜去電嚴令：「二十五師黃百韜、八十三師李天霞，速救張靈甫於重圍之中，不得有誤。」

李天霞、黃百韜接電報後，知道了事態的嚴重性，隨即命部隊以死相救，但為時已晚！

16日上午8時，蔣介石又命各部增援部隊：「山東共匪主力，今日已向我傾巢出犯，此為我軍殲滅共匪完成革命之唯一良機，凡我全體將士應竭盡全力，把握此一戰機，萬眾一心，共同一致，密切聯繫，協力邁進，各向當面之匪猛攻，務期殲滅共匪，發揚光榮偉大戰績，以告慰總理及陣亡將士在天之靈。如有萎靡猶豫，逡巡不前，或赴援不力以致友軍危亡，致

使匪軍漏網逃脫者，定必以畏匪避戰，縱匪突圍，貽誤戰局嚴究論罪不貸，希各奮勉勿誤。」

同日午後 13 時，湯恩伯又命所屬各部：張靈甫師孤軍奮戰，處境艱危，各部務須擊破共軍突圍，救袍澤於危困，不得見死不救⋯⋯

在六〇〇高地上，八路軍繳獲了敵人 6 門榴彈砲，一時尋不到炮手，最後在俘虜群裡找到幾個炮手，他們捲起袖口說：「長官，你們放心，他們哪裡有人，我們都知道！」接著，他們馬上掉轉炮口，向孟良崮主峰猛轟⋯⋯

悍將張靈甫在八路軍強大砲火的攻勢下，被迫龜縮於孟良崮山頂的山坳裡，眼見八路軍炮火猛烈，四方援兵不到，心中已有三分膽怯。這時，蔣介石還在給他打氣，要他堅守最後一刻鐘，四方援兵即到。於是，他命令砲兵準備炮火，準備反衝擊。

3 發紅色信號彈騰空而起，炮火震撼著山頭。在這個盤形禿崮上，七十四師殘部傾其全部火力，倚仗山勢拚死頑抗。雙方展開了你上我下的拉鋸式的對攻。

眼看勝利在即，料敵如神的許世友瞅準時機，急忙組織了突擊隊，從右側陡壁攀崖而上，直搗敵人老窩。許世友也帶著精做的前線指揮部魚躍跟進。

華野部隊再次發起攻擊。

密集而強大的炮火撼山震岳，一發發砲彈飛向崮頂，壓得敵人抬不起頭來、喘不過氣來。八路軍突擊隊的戰士們一個個

似猛虎賽蛟龍，早已忘記了幾晝夜的飢渴和疲勞，乘勝突擊，步步為營，越戰越勇，似尖刀直插敵人心臟。傍晚落霞時，突擊隊的戰士們經過一段奮力拚殺，終於將紅旗插上了孟良崮主峰，其餘各部亦先後衝上崮頂。七十四師師長張靈甫、副師長蔡仁傑如驚弓之鳥，欲要喬裝逃跑，恰被許世友率領跟進的前線指揮部攔住了去路。

仇人相遇，冤家路窄。

「砰！」一聲清脆的槍響，一名戰士先敵開火。首先將悍將張靈甫擊倒，結束了他的一生。這正是：平時袖手談兵事，臨危一死報蔣家。

樹倒猢猻散。偌大的山谷，敵人頃刻亂了套。前衝後撞，四面碰壁。八路軍乘勝追擊，亂軍叢中，又將張靈甫的副手蔡仁傑等擊斃。

至此，整編七十四師全軍覆沒，無一漏網。這次戰役共殲國民軍 32,000 餘名，砍掉國民黨在山東賴以維持進攻的一支骨幹突擊力量，徹底粉碎了蔣介石的「魯中決戰」的計畫。

南京。1947 年 5 月 19 日，孟良崮戰役結束後第 3 天。

蔣介石在軍官訓練團第 2 期研討班上講了這樣一段意味深長的話：

講到這裡，我要提出最近一次的教訓告訴大家，這就是第七十四師在孟良崮戰鬥的經過。七十四師這次在魯中攻擊匪軍根據地坦埠，攻擊了兩天沒有攻下，發現敵人的主力已向他包圍，於是全師撤退到距蒙陰 30 里的一個山地 —— 孟良崮。當時

全師有 6 團兵力，如果師、旅、團長平時有高深的戰術修養，能夠選擇適當的地形，配置兵力，構成周密的火網，則不論敵人兵力如何雄厚，絕不能在一天之內解決我們。但當時該師不守山口，只守山頭，而山頭又是石山，又沒有飲水，因此敵人的炮火威力倍增，而我軍的傷亡更大，以致整個失敗。這是我軍剿匪以來，最可痛心，最可惋惜的一件事。此外聽說該師此次失敗，還有一個原因，就是去年 7 月間，第七十四師淮陰作戰的時候，曾經收編了 3,000 名俘虜。後來該師師長張靈甫來見我時，我曾當面警告他：「匪軍俘虜絕對不能收編，一定要送到後方收容。」他說：「俘虜中有許多是我軍過去被俘過去的，而且並不是拿來補充戰鬥兵，只是做雜役兵，想必沒有關係。」我說：「做雜役兵也不行，一定要集中送到後方。」我當時以為他照辦了，那知並沒有做到。此次該師和匪軍作戰，一遇到猛烈炮火，陣地就生混亂，聽說有雜役兵乘機鼓噪、裹脅官長的事情發生。由此可見，我們高級將領稍有一些疏忽大意，就足以危及全軍的生命，張師長在平時本是最忠實，而且是智勇兼全的將領，但因為一時的疏忽，竟遭如此重大的慘敗，這是大家應該時刻記住，做為殷鑑的。

　　果真是這樣的嗎？蔣介石就是這樣掩飾自己的無能，把本該負的責任通通推得乾乾淨淨。

兵不血刃渡黃河

仲夏之夜。

從濮城至東阿間 300 里的黃河水，正奔騰不息，打著渦漩嘩嘩啦啦由西向東流淌。夜，安謐靜寂，星垂平野，月湧中流，河邊只有蘆葦與菖蒲葉子，在夜風吹動下輕輕作響。在夜色蒼茫中，黃河船工從蘆葦深處推出一隻只平頭木船，鄧小平政委敏捷地跳上船去，然後又扭過頭來，幫助兩名衛士把劉伯承司令員也拉上木船，兩位野戰大軍的主帥，意氣風發地並肩站在船頭上，船像脫弦利箭，向黃河南岸急駛而去……

這是 1947 年 6 月 30 日晚，劉伯承與鄧小平指揮 12 萬野戰大軍突破黃河天險，開始策略反攻的情景。湍急的河水激起的浪花拍打著船舷，槳櫓發出單調的節拍。鄧政委解開自己胸前的鈕釦，讓和暢的薰風吹拂著他寬闊的胸膛。

「……什麼足抵『四十萬大軍』的黃河防線？」夜風掀動著鄧小平的衣襟，他把雙手插在自己腰間，對身邊的司令員說，「這不是一槍未發，就踩在我們的腳底下了嗎！」

「是啊，是啊！」劉司令員用手推了推自己的玳瑁框眼鏡，非常贊同地說，「不明修棧道，怎麼能暗渡陳倉呢！這就叫『臨晉設疑，夏陽渡軍』嘛！」談笑風生，相視而笑。面對此情此景，再聽著兩位的一對一答，佇立在劉、鄧身後的指揮部人員，個個露出驚喜之色。誰都知道，國民黨報紙和中央社差不多天天都在吹噓，黃河是足抵「四十萬大軍」的天然防線，是東

方的「馬奇諾」！就連站在劉、鄧身後的參謀們和隨從人員都處在驚疑之中，難道這號稱顛撲不破的防線，就這樣突破了嗎？敵人的河防部隊在哪裡？為什麼這樣風平浪靜，為什麼敵人竟一槍不發？在首長身邊的工作人員，對劉、鄧運籌帷幄決勝千里精湛高明的軍事指揮藝術，無不折腰服膺，打從心底佩服，都覺得這是個學習劉鄧軍事指揮實踐的最好機會。

這是解放戰爭已進入第二個年頭的事了。國民黨把向解放區的全面進攻被迫改為重點進攻，敵人分別把二十多萬的兵力壓在陝北戰場上；又調四十多萬重兵放在華東戰場上。劉鄧把這種形勢，稱作是一隻大啞鈴，兩頭沉，中間細。黨中央和中央軍委決定劉鄧大軍實施中央突破、展開策略進攻的方針，以打破敵人的重點進攻。至於何時行動，如何突破黃河天險，一切由劉鄧決定。

在渡河之前，劉鄧把野戰大軍中的 12 萬精兵，盤弓挽馬地放在自己身邊，讓這 12 萬人紋絲不動。卻讓太行、冀南軍區部隊，在豫北發起攻勢，跟敵人打得難解難分，又令豫皖蘇軍區部隊向開封地區佯攻，以轉移敵人視線，劉鄧則在自己的指揮位置上，夜以繼日地工作著……

指揮部設在一間典型的農民住房裡，黃泥巴牆，苫著茅草頂，房間不大，四周牆上釘滿作戰地圖，中間擺著兩張對接的八仙桌，桌上鋪著黃呢軍毯，鄧政委坐在桌邊，一邊看著地圖，一邊抽菸。面前一隻粗瓷碟已堆滿了菸蒂，有人把它移開，新放上一隻小碟，又扔進兩三個菸蒂。劉司令員把雙手插

在腰間赭色皮帶中，圍著呢毯方桌在踱步。參謀長李達在屋角手執耳機，接聽冀南、豫皖蘇軍區報告戰況。

「……給我打，要狠狠地打！」鄧小平用力在瓷碟中擰熄一支香菸，只聽他對野戰軍參謀長命令著：「要向敵人平漢路據點、隴海路據點進攻。」

「打開封、打安陽……」劉司令員補充著，下著命令，「要敢打敢拚！」

當時，人們迷惑不解，誰都知道劉鄧指揮著幾十萬大軍，但在身邊的 12 萬精兵是他們的鐵拳頭，把這樣精銳之師蟄伏在身邊，而要兩支地方軍打交通線，攻據點，連指揮部的參謀人員都有些迷惑不解；敵人鄭州前線指揮部和他的智囊團更蒙在鼓裡。連敵軍前線發言人都說，劉鄧軍隊已潰不成軍，不堪一擊，最近他們可能向西逃竄，不是回豫西，就是回晉東，目前他們正為退卻而清掃道路。敵人的河防部隊聽到前線發言人這樣說，既然劉鄧軍隊向西南運動，黃河完全可以不設防了。在灘頭陣地守防，自然沒有回縣城睡覺舒服。所以，在我劉鄧渡河軍隊地點的正面，雖有兩個師敵人扼守河防，因為聽說「共軍要西竄」，雖挖有灘頭陣地，但根本不進入陣地，而是把河防部隊撤出幾十里，在縣城休息。當劉鄧全軍渡河完畢，河防部隊才從夢中驚醒……

「怎麼樣？難道這不有些像有名的傳統戰法？臨晉設疑，夏陽渡軍？」劉伯承不僅是著名軍事指揮家，而且是造詣很深的軍事教育家，他這樣說著，就對身邊的參謀、隨從人員講了一個

膾炙人口的故事：西元前二百多年，漢、魏在黃河邊上交兵，劉邦以韓信為左丞相，舉兵攻魏。魏王豹把自己的主力部隊部署在黃河東岸的蒲坂，企圖封鎖黃河渡口臨晉關，阻遏漢軍渡河。於是，韓信聲東擊西、避實擊虛，故意把戰船集中起來，擺出個要在臨晉渡河的架勢，暗中卻調遣精兵，出其不意，在夏陽用簡便工具木罌缶渡軍，突然出現於敵後，連魏王豹也做了俘虜。司令員把話題由講古引到現實。他說：「我們讓冀南、豫皖蘇兩支部隊打得非常熱鬧，我們好從中舉事！」

「這就叫示形作戰嘛！」鄧政委一向講話言簡意賅，許多深奧的戰理，他是一語道破：「示形於西，而擊於東，迷盲敵人，趁機進取！」

他們剛說到這兒，從西南方向朝著濟南、沿著黃河飛過來兩架飛機，敵機一邊飛，一邊扔下照明彈，降落傘吊著五顏六色的綵燈，把夜空點綴得十分美麗……

「敵人是怕我們渡河寂寞，還特地點亮天燈，」鄧小平平時嚴肅，不苟言笑，這時卻十分興奮地對司令員說，「敵機還是一偵察、二報告，不等叫來轟炸機，我們全軍渡河完畢！」

敵機果然只撒照明彈，根本不掃射，解放軍行動神速，飛快渡過了黃河……

電子書購買

國家圖書館出版品預行編目資料

紅色的國共內戰：見面都說請謝謝你好，回到
家裡喊著往死裡打！邊談邊打的荒謬民初內戰
史 / 潘強恩編著 . -- 第一版 . -- 臺北市：崧燁文
化事業有限公司 , 2022.09
　　面；　　公分
POD 版
ISBN 978-626-332-670-5(平裝)
1.CST: 國共內戰 2.CST: 民國史
628.62　　111012887

紅色的國共內戰：見面都說請謝謝你好，回到家裡喊著往死裡打！邊談邊打的荒謬民初內戰史

臉書

編　　著：潘強恩
編　　輯：徐悅玲
發 行 人：黃振庭
出 版 者：崧燁文化事業有限公司
發 行 者：崧燁文化事業有限公司
E - m a i l：sonbookservice@gmail.com
粉 絲 頁：https://www.facebook.com/sonbookss/
網　　址：https://sonbook.net/
地　　址：台北市中正區重慶南路一段六十一號八樓 815 室
Rm. 815, 8F., No.61, Sec. 1, Chongqing S. Rd., Zhongzheng Dist., Taipei City 100, Taiwan
電　　話：(02) 2370-3310　　傳　　真：(02) 2388-1990
印　　刷：京峯彩色印刷有限公司（京峰數位）
律師顧問：廣華律師事務所 張珮琦律師

定　　價：350 元
發行日期：2022 年 09 月第一版
◎本書以 POD 印製